他がままに生かされて

山中拓也

THE
Marshall
Marshall
Pearl
RHEB
GATE

他がままに生かされて

目次

第1章 汚れた感情の向こう側

第3章

他者という名のフィルター

第4章 未来をつくる輪廻

はじめに

「あいつまた泣いてる」「なんか、いっつも泣いてない？」「弱虫！」

うるさい。うるさい。うるさい。


「あんたは兄ちゃんくらい勉強せなあかんの！」

「あの兄ちゃんの弟なら賢いんやろな」

兄貴とばっか比べんな。


「もうやめて!!　拓也落ち着いて！」

離せや。自分に制御効かへんねん。助けて。

「拓ちゃんとは関わらんほうがいい」

なんでいつも分かってもらえへんねやろう。

「拓也今日もパチンコでも行くか」

なんで僕はこんなダメ人間なんやろう。


「お母さん病気やって」

ごめん。俺のせいや。ごめん。


「なんであいつらが売れんねん。しょうもない」

こっちの努力も知らんと好き勝手言いやがって。


僕の心にはいつも誰かの声がある。僕はその声とずっと戦ってきた。

なんでそんなに人の声が気になるのか。

なんでそんなに誰かの声に一喜一憂してしまうのか。

今でもわからない。ただ、一つだけわかったことがある。


心無いあいつの悪口のおかげでここまで死ぬ気でやってこれた。

優しいあの人の言葉のおかげでここまで踏ん張れた。

結局、みんなの言葉が僕をここまで大きくしてくれた。

ほんまにありがとう。


誰かの言葉に流されるな。誰かの声は自分の為に生かせ。

他がままに。我がままに。


本を書こう。そう思わせてくれたのはファンのみんなの声でした。

ろくでもない自分の過去を晒《さら》すことは、誰の得にもならないと思ってたし、むしろマイナスになると思っていました。

しかし、ファンのみんなは「全部晒け出してほしい。それが励みになる」という言葉をくれました。

自分の言葉で誰かの心や誰かの人生が少しでも楽になるのであれば、それはこの上ない幸せだと感じました。駄目押しにKADOKAWA伊藤さんの「山中さんの言葉に感動しました。今までの人生を本にしていただけませんか?」のお言葉。これはもう何かの運命だなと。

今年30歳を迎えるにあたって自分の人生を振り返ることで、30代も全力で駆け抜けられるように、本を出すことを決めました。

泣き虫でイジメられた幼少期。反抗期で親を泣かせた中学時代。人を信じられなくなった高校時代。大学受験の失敗。母親の病。ギャンブルに狂った大学時代。初めての死亡宣告。そしてバンドで生きることに腹を括ってから、「いつか見てろよ」の反逆心のみで突っ走ってきた今の僕に至るまで。全てをここに記しました。

振り返ってみれば、僕の人生は最悪だったけど最高でした。心に余裕はなかったけど、バンドで生きていくことを決めてからの僕は、間違いなく弱さも強さに変えてきました。大きな責任とプレッシャーは生まれたものの、たくさんの守るべき人達ができて、そのおかげでどんな大きな壁も逃げずに越えて行くことが出来ました。

弱くてゼロだった人間でも、成長できるし、夢叶えられるんやぞ！ってことをこの本を通して伝えられたら本望です。

僕自身もこれから、まだまだ成長したいです。

メンバーには出来るだけ安心して付いてきてほしいし

チームのみんなにとっても、絶対的にみんなを引っ張れる存在でありたい。

未だに誰かの天才的才能を目の前にした時、心折れそうになるけど。
僕には関係ない。ゼロの人間でも、弱い人間でもここまでやってこれた強さがあるから。
一つ一つの感情を大切にして、もっと高く飛んでやる。
誰かの声も、自分のぶっとい意思に変えてやる。

僕の人生は僕だけのもの。あなたの人生はあなただけのもの。その自分だけのオリジナルの人生を活かすも殺すも自分次第です。

この本で僕の過去を覗いて、大いに励まされてください。

この本で俺、私ってまだまだ大丈夫!!って一歩踏み出してください。

この本が僕の為にも、みんなの為にもなることを祈ってます。

第1章

汚れた感情の向こう側

断髪式

僕は4〜6歳の間、父親の仕事の都合でタイに住んでいた。自分の家にはお手伝いさんが住み込みで働いていて、幼稚園のプールに行くときも、アイスキャンディーを買うときもお手伝いさんと一緒。両親が仕事で忙しかったこともあり、この頃、一番長く一緒に時間を過ごしたのは間違いなくお手伝いさんだった。

今の僕からは想像がつかないかもしれないが、小さいときの思い出といえばただひたすらに泣いて、泣いて、泣き続けた……という記憶しかない。「子どもの仕事は泣くことよ」と思う人もいるだろう。そうだとしたら、明らかに働きすぎている子どもだった。なにが悲しくて、そんなに泣いていたのか。今思えばその正体は《不安》だったのだろうという結論に落ち着いている。友だちと遊んでいても、一緒にいて落ち着くという感覚はないし、常に不安を抱えて過ごしていた。その不安に理由なんて別にない。ただただ他人が苦手だった。だから、絶対的に安心できる時間は、家にいるときかお手伝いさんと一緒にいるときだけだった。

その後、父親の転勤に伴って日本へ帰ることになるのだが、もちろんお手伝いさんはついてこない。その現実に気が付いたのは日本に着いて3日くらい経った頃。「ねぇ、おてつだいさんはどこなん?」と家族に聞くと「あの人はタイの人なんだから日本には来ないよ」という答えが返ってきた。衝撃的だったが、「またいつか会えるはず」と思っていたから、寂しさはそれほど感じてはいなかった。

日本の小学校に通うようになっても泣き虫な性格は変わらない。母親の姿が見えなくなると途端にぐずぐずと泣きはじめ、飽きることなく一日中その状態が続くのだ。園長先生からもらった通知表には「これだけ何時間も泣けるのは根性でしかないので、この子は根性があると思います」という取って付けたようなコメントが書かれるくらいだった。

すぐに泣く、というのは子ども目線で見るとどうやら面白いらしく、僕は小学1年生の頃、軽いいじめにあっていた。僕にだけ配布物が渡されない、という小さな嫌がらせだったが、効果は抜群。「どうして僕のだけないの…?」と悲しくなってすぐに泣く。すると、面白がった同級生が「うわ、すぐ泣くやん!」とはやし立ててさらに泣く、というループの中をぐるぐると回ることになった。学校行事のときも自分から声をかけられず、「誰かが声をかけてくれる」と思っていたら、結局一人ぼっちになって泣いたこともある。先生に「誰か、山中君のこと入れてあげて」とまわりに声をかけられるとみじめな気持ちになって悲しさは増し、涙が止まらなかった。誰かに声をかけてもらわないとなにもできない自分のことが心底嫌で、「なんの狂いもなく毎日が終わってほしい」、そう願い続けた幼少期だった。

父は仕事で忙しく、ほぼ家にいることはなかったが、小学2年生のある日出張から帰ってきたタイミングで突然学校のことを聞かれた。

「お前、学校で上手くいってないのか?」

「上手くいってないこともないけど…」

「でもお前、ずっと泣いてんねやろ? そんな髪型してるから女の子みたいにピーピー泣くんや」

そう言って、突然父に美容室へと連行され角刈りにされる始末。子どもの頃、僕の髪の毛はサラサラしていて「女の子みたいにきれいな髪の毛ね」と周囲の人に言われるたびに嬉しい気持ちになれた。大切なアイデンティティーのひとつだった。

「なんでこんなことすんねん!!」父親に泣きながら怒鳴り、角刈りになった自分の頭を見ては途方に暮れた。しかし、この父の行動は間違っていなかったのかもしれない。髪の毛を男の子っぽくしたら、それ以降「強くいなければ」という気持ちが働いてピタリと泣かなくなった。見た目の変化は性格の変化に繋がるということを思い知ったのはこのときだった。大人になった今でも、妖艶なシーンを撮りたいとき、セクシーな声を出したいとき、切ない所作を見せたいときにはその感情に合った気持ちになれる服を選んでいる。父親による強引な断髪式が僕に教えてくれたことは、計り知れない。

断髪式を終えたタイミングで、クラスに一人の男の子が転入してきた。この出会いも僕を強くしてくれた要因だ。いじめられっ子の僕を知らない唯一のクラスメイト。僕は、「この子となら一から関係を作れるかもしれない！」と直感で思った。その子はすごくやんちゃな男の子で、ふざけながら小突き合っていたらエスカレートして殴り合いのケンカに発展することもあった。そんな毎日を過ごしていたら、1年後僕はもう泣くことをやめ、殴られてもへこたれない《男の子》になっていた。

いじめの中心人物だった男の子に、廊下ですれ違いざまにいきなり胸ぐらをつかまれたこともあったが、しれっと張り倒せるくらいにはなっていた。それからはいじめられることもなくなり、手のひらを返したようにみんなが僕にすり寄ってきた。もちろんいじめられなくて嬉しいという気持ちも感じていたが、同時に人間の脆さも目の当たりにした。力で勝てないと思った人間のことはいじめないし、いじめている人の周囲で笑っている人は自分のことを守っているだけ。世の摂理を子どもながらに感じて、そこから僕はどこか冷めた目で世の中を見るようになってしまった。

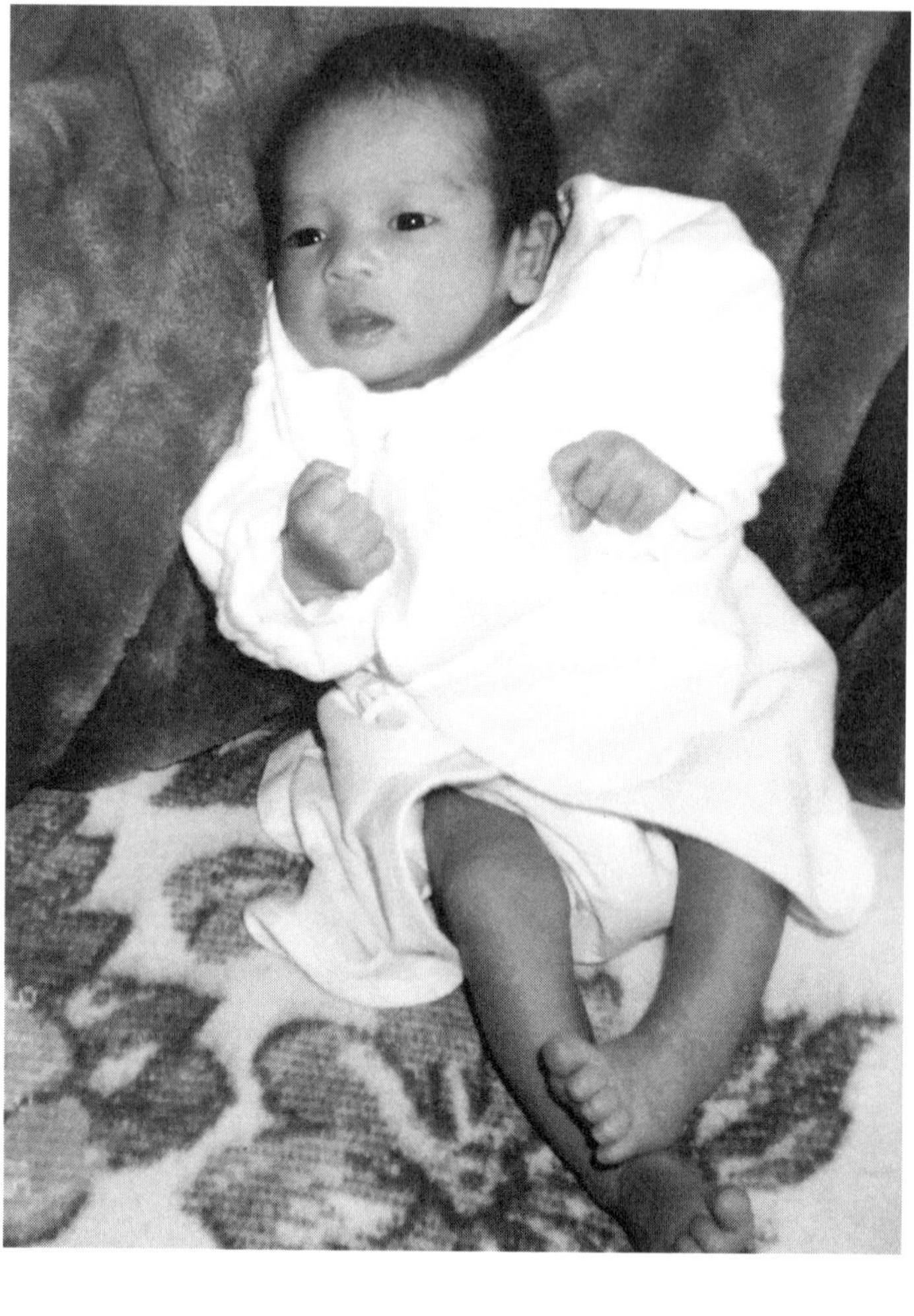

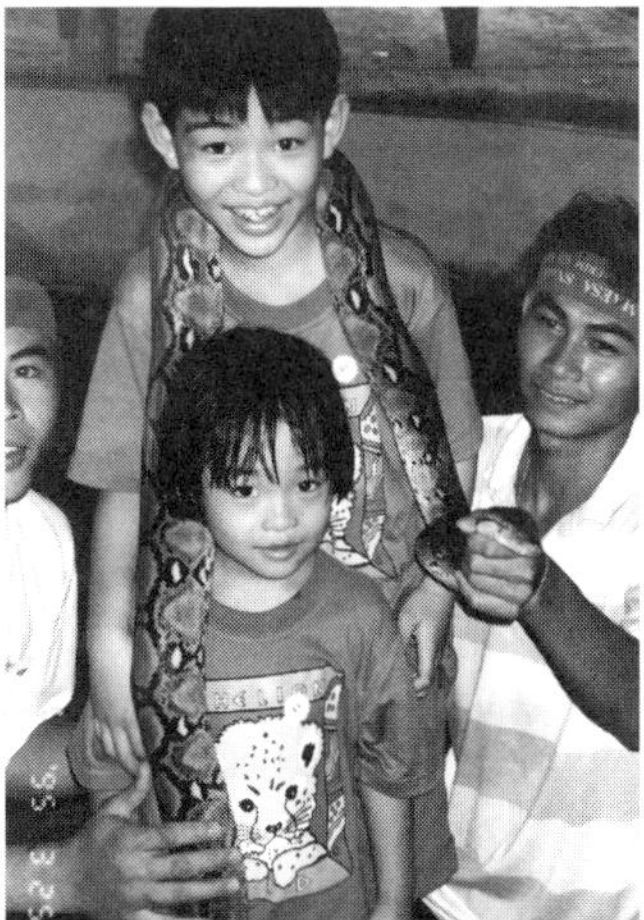

兄を追う

僕には、5つ年上の兄がいる。子どもの頃、兄は心臓病を患っていて全速力で走ることはもちろん、身体を動かして遊ぶことも全般的に許されないような生活を送っていた。命を守るためとはいえ、実際にまわりの友だちが外で遊んでいるのを、どんな気持ちで見ていたのだろうと、今になって思う。

外で遊べない兄ができることと言えば、ただひたすら机の前に座ってパズルや勉強をすることだった。そんな兄は、幼い頃からエリート街道まっしぐら。僕とは比べ物にならないくらいに頭が良かった。両親も勉強ができる兄のことを、誇らしく思っていたのだろう。「お兄ちゃんのように勉強しなさい」と言われ続け、いつの間にか僕も「兄のようにならなければいけない」と思い込むようになっていった。兄弟のいる家なら、比べられたり「兄のようになれ」と言われることはよくある話だろう。学校に行けば「お兄さんは勉強ができるんだよな」と聞かれ、塾に行けば先生から「お前も勉強できるのか?」と期待されるのは、気持ちの良いものではない。

常に自分の前には出来の良い兄がいて、その背中は果てしなく遠く、どんなに努力しても追いつける気がしなかった。まわりは兄を通してしか僕を見てくれない。よくあることだよ、と思えるようになるまでにはそれなりに時間が必要だった。「兄がいなければ、こんなに勉強しろと言われなかったのに…」正直、そう思うこともあった。

しかし、そんな兄がいたから僕は今、音楽で生きている。僕が小学3年生のとき、兄は中学2年生。この頃、兄は友だちとバンドを組んでいて、ライブを見に行くような機会もあった。当時兄は『L'Arc-en-Ciel』にドはまりして、なにかに取り憑かれたようにライブビデオを見ていた。

—そんなある日。

「なぁ、拓也。この音楽で流れてるベースの音分かるか?」

「…? いや、分からんなぁ」

「後ろで低い音が鳴ってるやろ?」

僕は歌うのが好きだったからずっとhydeさんのモノマネをしていたが、兄はやたらとベースの話をしてきた。最初のうちはベースの基礎知識もなければ、どんな特徴があるのかも分からない。1年ほど、「この音楽で流れてるベースはどれだと思う?」なんてやりとりをしていくうちに、少しずつ聞き分けられるようになっていった。

その成長を見計らったように、僕が小学4年生のときに兄は僕のお年玉を使い込み、ベースを買ってきた。なんで人のお金を使って勝手に買ったのか、と聞くと兄は悪びれもせず「拓也がベースカッコいいって言ったから」というめちゃくちゃな理由を出してきた。確かにカッコいいとは言ったが、お年玉を使っていいとは言っていない。思い返せば、ただただセッション相手欲しさにベースをすすめてきたのだろう。

当時は、勝手にお年玉を使われたことを恨みに思っていたが、このベースとの出会いがきっかけで音楽に興味を持てたのも事実。兄からは、今でも「俺のおかげで、拓也はバンドをやれているんだ」と言われ続けている。

こうして、兄とのセッション生活は始まった。最初のうちこそ、僕が上手に弾けないと、そこだけ集中的に練習させられたけど、そんな練習が楽しいわけがない。10分くらいで嫌になってはベースを放り出す僕を見て、兄は「弾けなくてもいいからとりあえず曲の練習しよ」と提案してくれた。さすがは兄。この提案は効果抜群。

確かに、自分のできない部分を練習し続ければ技術力が上がる。だけどそれは「やる気が保てれば」という大前提が必要だ。下手でもいいし弾けないところがあってもいいから、苦手な部分が入っている曲をまず全部弾き切ってみることで、一曲弾けたという喜びが生まれる。そうすると急に一流のバンドマンになったかのように曲に合わせて何度も弾くようになった。その連鎖が起こることで苦手な部分も自然と上達していたのである。あのとき、苦手な部分の練習だけをしていたら、きっと早々にベースを嫌いになっていただろう。

兄は知識も豊富で、インディーズのロックバンドを見つけてきては僕に「これも聴いてみろ」と勧めてくるような毎日だった。二人でレンタルショップに行き、片っ端から気になるアーティストのCDを借り、家に帰ってMDに焼きまくる。

5歳年上の兄からもらう知識は新鮮で、知らないことばかり。のちに中学時代でドはまりするHIPHOPも兄が教えてくれた音楽だ。同じ学年の子に兄から教えてもらったおすすめのバンド、歌手を紹介すれば「センスいいじゃん」「よく知ってるなぁ！」と褒められるのが嬉しくて、さらに興味は音楽へと向いていった。

大学を卒業するまで兄はバンドを続けていたが、就職をきっかけに解散。東京エレクトロンという大企業に就職し、小さい頃に外で遊べなかった人間とは思えないくらい世界を飛び回っている。大人になった今、二人で飲みに行って話すことと言えば、仕事のこと。バンドの雰囲気が悪くなってしまった、と相談すれば「引っ張っていかなきゃいけない気持ちは分かるけど、人に任せることも覚えないと」と、今でも5歳年上の考えを僕に授けてくれる。兄を追いかけ、僕は音楽という別の道へと進んだが、それでもなぜか僕の歩く道の先には兄の背中が見えている。子どもの頃見ていた背中に僕は今、少しでも近づけているだろうか。

逆張り

泣き虫で兄の後ろを追いかけていた、というエピソードから、主体性がまるでない子どもをイメージする人もいるだろう。しかし、面倒くさい性格なもので人と違うことをしていたい、という気持ちは子どもの頃から今まで捨てることなく持っている。

小学生の絵画コンクールに出すための絵を描いていたときのことだ。お題は「象」。まわりの友だちが、なんの迷いもなく灰色の絵の具で象を描きはじめる中、僕が手に取ったのは赤と青の絵の具だった。普通なんてつまらない。せっかく自分の好きな色で描ける機会を手放すなんて、僕にはもったいないことのように思えた。背景には象が住んでいそうもない環境を描き込み、その絵は見事入選。しかし、みんなの目に触れることになったとき、僕にかけられた声は《批判》だった。

「赤と青の象なんているわけないやん！」

「なんであんなんが選ばれんねん」

クラス中から、僕の描いた絵は普通ではないと認定されることになった。それでも、僕は構うもんかと思っていた。今ある価値観を壊した先に、自分なりのなにかが生み出せるのではないかというのは常々感じていることだ。自分を型にはめたり、「当たり前」や「常識」の中にいるうちはなにかを創造している気持ちにはなれない。だから、僕は今でも既存の価値観を壊していきたいと思っている。

中学に上がり、美術の授業で絵を描くときには誰にも見られないように、隠れながらひっそりと進めていく。これは、人に見られるのが恥ずかしかったからじゃない。誰かに真似されることが心底嫌だったからだ。仮に、「お前のアイディアええな！俺もそうしよ」って言われたとしたら、ブチ切れるレベルで許せない。他人の創造力は、自分で考えることを放棄した人間が簡単に触れていいものじゃない。

よく誤解されることだが、影響を受けることと、真似をするというのはまったくの別物だ。僕だってたくさんの人間の影響を受けて育ってきた。親や兄、憧れのアーティストからの影響。誰かの作品を見て表現の幅が広がることは誰にでもある。だけど、それは考えることを止めなかった人だけが広げられる世界のはず。誰かの真似をするというのは思考停止に等しい。一番大事なのは、自分が選んできた自分にしかないオリジナルの影響を、どうミックスし形成するかだ。人と違う道を歩くことは、不安になるし迷子になることもある。だけど、現状維持よりマシじゃないか？　人と逆張りをし続けてきた僕に今あるのは、そういう人間でいられて良かったという感覚だ。

じいちゃん

母方のじいちゃんは、僕が寝転んでテレビを見ていると「寝転ぶな、座れ！」と厳しく注意するような一面もあるが、その一方で僕がやりたいと言ったことは否定せずにやらせてくれるような優しさも持っている人だった。筋が通っていないことは許さない…まさに《漢》《おとこ》。そんなじいちゃんのことを僕はどこか誇らしく思っていたし、じいちゃんに認められたいという気持ちがどこかにあった気がしている。

じいちゃんの楽しみと言えば、テレビで野球観戦をすること。応援するチームが勝てばくしゃくしゃの笑顔を見せ、負ければ自分のことのように落ち込むじいちゃんを見て、「もし僕が野球を始めたら、こんなふうに喜んでくれるやろか？」と幼い僕は思った。こうして小学4年生の頃、僕はそれまで習っていたスイミングをやめ、少年野球へ参加することにしたのだ。

「じいちゃん、俺野球やろうと思うねん」

「おー。おー。ええな！　応援しに行くから頑張れよ！」

応援に来てくれたじいちゃんは、テレビで野球を見ているときと違って、僕のチームが勝っても負けてもくしゃくしゃの笑顔を見せてくれた。大切な人が応援してくれて楽しそうに笑ってくれること、「頑張ったな」と褒めてくれること、どちらも嬉しいという言葉だけでは言い表せない。この気持ちが、野球を続けるモチベーションに繋がったのは間違いない。毎日の練習や試合を経験するうちに、僕自身もどんどん野球が好きになって、近鉄ファンの友だちと野球観戦に行くほどになった。

当時、僕が住んでいたところから一番近い中学校は、毎日のようにパトカーがサイレンを鳴らしてやってくるような学校で、両親からは「さすがに行かせられない。受験して違う学校を選んでほしい」と言われていた。しかし、そのためには中学受験のための勉強をしなければならないし、塾に通うとなれば当たり前だが野球はできなくなってしまう。なにより、野球をやめて勉強をするという姿がどうしても自分の中で想像できない。そんなことよりも野球の大会に出て優勝することの方が、僕にとっては大切なことだった。その気持ちを汲んでくれたじいちゃんは「拓也がやりたいって言うてるんやから、やらせたれや」と母を説得してくれて、僕はなんとか小学6年生まで同じチームで野球をやり続けることができた。

勉強もせずに野球ばかりしていた僕は、当然ながら中学受験などできるはずもなく、県内有数の荒れた中学校へ進学することになる。

二名

辛くて苦しい時は
じいちゃんが
見守ってくれてるって思うと
強くなれる
じいちゃん
俺頑張ってるで

悪いヤツら、だいたい友だち

中学に進学した僕が最初に感じたのは恐怖。学校を見渡すと、一癖も二癖もありそうな人たちしかいない中で、僕はただただ不安になった。どこにも逃げ場がないような状態ではあったが、幸運にも小学校のときに仲良くしていた2つ上の先輩が、中学校で一目置かれるほどのワルへと転身していた。入学してすぐに、そういう先輩にかわいがってもらえると、どういうことが起こるのか。大体予想はつくだろう。…僕も、いわゆるワルの世界へと染まっていった。

僕には中学時代の大半を一緒に過ごす親友ができた。その親友と登校中に歩いていると、僕の後頭部に「ドウン」という鈍い音と激痛が走った。どこで恨みを買ったのかは思い当たらないが、器用に自転車を乗りこなし、殴りかかってくる一人の男。殴られた僕は、頭に血がのぼり殴り合いのケンカに発展してしまった。親友はケンカを止めることもなく、どちらが勝つかを高みの見物状態である。相手の体力が底をついたところで僕はその場を後にすることにした。しかし、その5分後。さっき倒したはずの男が後ろから「キエーーーーー!!」という奇声とともにコンパスの針を僕に向けて突進してくる。まさに何度も仮面ライダーに挑む往生際が悪いショッカーだ。油断した僕は反応が遅れ、「あれ？　コレ刺されるやつ？」と頭の中でぼんやりと考えていた。さっきの殴り合いとは違いその恐ろしい形相からは「殺してやる」という意志が読み取れる。襲いかかってくる様子がスローモーションになったかと思うと、僕の目の前に大きな背中が壁となって立ちふさがった。先ほどのケンカでは高みの見物をしていた親友が、間に入りかばってくれたのだ。殺されるかもしれないと思いながら目の前に飛び出すその勇気と優しさを、僕は心から尊敬し愛おしく思った。

僕も強い人間になりたい。中学3年生の頃に、そんな気持ちからどちらが強いのか力比べをしたくなり、下校中に親友の頭に思いっきり飛び膝蹴りを食らわした。「勝った!?」そう思ったのもつかの間、一瞬でマウントを取られボコボコにされる。とんでもなく強い。強すぎる。殴り終えた後で、彼は清々しい顔で僕に言葉をかけた。

「どっちが強いとか関係ない。俺ら仲間やねんから争う必要ないやろ。心配すんな」

ニカッと笑い僕を諭してくれたとき、彼とは一生の付き合いになるという確信が湧き、僕はすごく嬉しい気持ちで満たされていた。彼とはそれからもたくさんの苦難をともにした。彼が困ってるときは助けに駆けつけ、僕が他校の人間とケンカしたときも駆けつけてくれる。彼を中心に仲間の団結力は高まり、並々ならぬ信頼を寄せあっていた。こんな付き合い方、表面上の関係なら絶対にできない。そう思えるほど人情味のある関係を構築できたことを僕は今でも誇らしく思っている。余談だが、現在彼は大阪で「酒将群」という居酒屋を経営していて、タイミングが合えばその店に寄ることがある。あのとき、一生の付き合いになると思った僕の勘は当たっていたのだ。

当たり前の話だが、友だちとやんちゃばかりしていた僕が勉強など真面目にするわけがない。しかし、僕の2つ上の先輩に勉強もできてファッションもカッコよくて、どこを切り取っても完璧な人がいた。「あの先輩みたいに勉強できたらカッコいいなぁ」という憧れから、奈良の公立高校で一番偏差値の高い学校を目指すことにしたのだ。当時の学力は塾に通っていたこともあって、そこまで悪くなかったが、県内で6番目くらいの学校が妥当だ、と言われていたのは覚えている。

「先生。俺、奈良高校に行くことにしたわ」

「いや、今の成績やったら難しいと思うで。あんた昨日までどれだけフラフラしてきたか分かってるの？」

「分かる、分かる。でも俺、明日から1時間早く学校に来て勉強するから」

次の日、学校に行くと先生も1時間早く来てくれていて、それから毎朝僕の隣に座り、分からないところをすぐに教えてくれるという万全の体制が整った。こうして、僕は希望していた奈良高校を目指すことにした。

粋なご飯と粋な酒
酒将
SAKESHO

暴力的な思春期

僕は中学時代、母と二人暮らしだった。父は相変わらず海外出張でほぼ家には帰ってこなかったし、兄は早々に一人暮らしをしていたからだ。母は僕のことを心配して、交友関係や勉強、生活態度についていろいろと小言を漏らすことが多かったと思う。成績が下がれば「お兄ちゃんみたいに頑張りなさい」とか、やんちゃな友だちが家に出入りするようになれば「交友関係はもっと考えなさい」とか、挙げればキリがない。そういう毎日に辟易《へきえき》していた僕は、中学生になったときに不満が爆発してしまう。

このとき、父が家にいたら少し違っていたのかもしれない。僕の父は柔道をやっていて、若い頃はオリンピック選手を目指していたくらいの実力。中学生の僕が立ち向かっていったところで、敵う相手ではないのだ。それくらい圧倒的な力の差がある。小学生の頃なんて勉強が終わらないと、水風呂に沈められたこともある。よく言えば昭和の男、悪く言えば…いや、やめておこう。この歳になってまで柔道技で組み伏せられるのはごめんだ。

こうして僕が中学生の頃には、暴れまわる環境はできあがっていた。イラつくことがあれば家の壁に穴を開けまくり、母の小言を力でねじ伏せ、怒鳴り声を上げ続ける。そんな状態の息子に近づくのはどれほど怖かっただろう。それでも、泣きながら僕を羽交《はが》い絞《じ》めにして止めてくれることもあった。が、僕の怒りは収まることなく、日に日に荒れ具合はエスカレートしていき、ついには母の顔面を強く殴りつけてしまうほどに関係はこじれていった。

母との関係が悪くなればなるほど、家出の回数も増えていき、月に7回は母と揉めて家を出ていく。母から僕の友だちに連絡が入って連れ戻されることもあれば、頑《かたく》なに帰るのを拒否し続け公園のベンチで野宿することもあった。

当時のケンカの原因はすべて些細なことだった。中学校の部活で「2打席ホームラン打ったんよ」と言ったことに対して、母が「相手がしょぼかったんでしょ」と返してきたとか、その程度のこと。

高校受験を考えるタイミングで、県で一番の高校に進学すると決めたのは、もちろん先輩への憧れという部分もあったけど、母親に迷惑をかけたから安心させてあげたいという気持ちも少なからずあった。高校に合格したときには母も喜んでくれて、僕を思う母の気持ちに少しだけ歩み寄れた気がした。

恩師

高校の入学式。「最初になめられたら終わりだ」と思っていた僕は、優等生ばかりが集まる学校に真っ赤な髪で登校した。ご想像の通り、そのままクラスのみんなと仲良くなれました！なんて話になるわけがない。式が終わると、さっそく生徒指導の先生が僕のところに飛んできて、「なんだ、その髪の色は！」と問い詰められた。同級生に、ヤバい人がいるという印象を与えるには充分な出来事だったが、図らずも僕はその印象をさらに強める方へと動いてしまう。

僕が当時感じていた中学と高校の環境の違いについて、象徴的な出来事があったので紹介しようと思う。文化祭の準備をしているときのことだ。僕はイベントごとが好きだったから、クラスメイトがサボっている中で一人黙々と作業をしていた。

しかし、先生が見回りにやってくると、僕が作業してきたものを指さして「先生見て！　これ俺が頑張って作ったんやで〜！」と平気な顔で自分の手柄にするヤツばかり。ずっとサボって喋っていたヤツが頑張りを評価される世界に辟易とした。

せこく生きることが、上手く生きるっていうことなのか？

のし上がるためには、人を踏み台にしないといけないのか？

いや、違うはずだ。少なくとも僕はそういう世界を認めたくはない。中学時代に付き合っていた友だちは、確かに素行は悪かったが人の手柄を横取りするような人間ではなかった。さらに言えば、家に来たときに靴を揃えたり、食器を片づけたり、毛布を畳んで帰るなど、礼儀・礼節はきちんとできるような人間ばかり。仲間が困っていたら全力で助けに行くし、ズルいことはしない人間だった。だからこそ、高校時代に感じたこのズルさは、自分の記憶に嫌な思い出として残っている。

高校生活に嫌気がさし、僕は中学の頃の友だちとつるむようになっていった。ある日、その友だちとトラブルになり警察沙汰へと発展。生徒指導の先生に事情を話すも、結局停学処分になってしまった。停学処分になったらしい、といううわさは瞬く間に広がり、《停学処分を受けたヤバい生徒》という嬉しくないレッテルを貼られることになる。友だちが警察に補導される現場に運悪く居合わせてしまったこともあり、入学して半年も経たずに2度目の停学処分を宣告された。学校としても、僕みたいな生徒をそのまま在籍させておくと、他の生徒に悪影響が出るかもしれないと考えたのだろう。2度目の停学をきっかけに、自主退学の話が浮上したのだ。もう終わったと思った。あんなに一生懸命勉強して、やっとの思いで合格したにもかかわらず高校中退？　母親は退学になるかもしれないと知り、声を上げて泣いていた。

停学中に、担任の先生と学年主任の先生が揃って家にやってきた。「いよいよ退学の話をされるのか…」と思っていた僕だったが、二人の話はまったく違うものだった。「せっかく中学校から勉強して進学校に入って、お母さんも喜びはったのにこのタイミングで退学になるのはこの子の将来を潰してしまう気がするんです。学校の方針としては、退学という話が出ていますが、なんとか校長にかけ合ってみるので、もう少し頑張ってみませんか？」

…僕は驚いた。停学になったのは1度じゃない。もう2度やらかしているのだ。その過ちを許すだけでなく、僕がまだ考えていない将来のことを、考えてくれている。本気で僕の今後を心配し、引き留めようとしている。さらに先生の言葉は続いた。「拓也くんが中学時代、どのような生活を送っていたのかは聞いています。だからこそ今の高校生活に馴染めないのも理解はできる。拓也くんは優しい気持ちを持っているから、自分のことを傷つける行動を取ってしまうんじゃないかと思います」

この言葉を聞いたとき、担任と学年主任の先生だけは僕にレッテルを貼ることなく、僕のことを知ろうとしてくれているのが分かった。まわりが全員敵に見えていた僕だったが、先生が一通り話し終わったとき、この人たちなら信用してもいいんじゃないかという気持ちになっていた。

その後、僕は退学を免れた代わりに、ノート10冊分の反省文を書くことになった。「ごめんなさい」と「申し訳ございません」がゲシュタルト崩壊を起こして、ミミズの集合体に見えた頃、その作業は終わりを迎えた。

僕のことを見ていてくれる先生がいるのは唯一の救いだった。高校3年生の先輩に「俺はヤクザの息子だ」と変な絡み方をされ、トイレに連れ込まれたときにも、学年主任の先生が飛んできてトラブルを収めてくれた。止めに入ってくれなければ、自称ヤクザの息子の挑発に乗り、また殴り合いになって今度こそ退学になるところだった。

不思議なことに、どんなときも止めに来るのは担任か生徒指導の先生。ただの偶然にしてはおかしいなと思っていたが、今思えばおそらく見張られていたのだろう（笑）。こうして、最強タッグに見守られる中、僕は高校を卒業するまでケンカすることもなく、穏やかに過ごすことができた。僕をトラブルから守ってくれていた恩師には感謝しかない。高校生活に悩んでいた僕が無事に卒業できたのは、先生たちのおかげです。本当にありがとうございます。

大学受験

高校に入ってからの成績は、常に地を這っていた。どのくらいかと言うと、360人中353位。まあまあヤバい。世間的に見れば、落ちこぼれの部類だろうけど当時の僕に焦りはなかった。

「お前、この成績はヤバいんとちゃうか?」

「え? なんで? うしろに7人もおるやん」

「あほ! 試験受けてない生徒が5人おるんやから、実質最後から3番やろうが」

担任とそんなやりとりをしても、僕はどこか楽観的に考えていた。塾にも行っているし、なんとかなるだろうと安心していたのかもしれない。

高校2年生になり、文系か理系かを選択するタイミングにも、先生の助けがあった。5教科の中で僕が一番得意としている教科は数学。しかし、化学の成績が恐ろしいほど悪く、理系へ進むにしては足を引っ張っている状態だった。

そうして2年の終わり頃になったとき、化学を担当している担任から「2年間に私がこれだけ教えたのにできるようにならないってことは、これから先も絶対できるようにはならん。数学はできるかもしれないけど、理科系の成績を見てたら壊滅的だから、文系にしなさい。文系なら今からやれば伸びるから、ひたすら本を読んで英語の勉強をしなさい」と言われ文系へと進むことになった。

実際、この後も化学の成績は一向に伸びる気配がなく、早めに見切りをつけてくれた先生には感謝をしている。しかも、文系の勉強を始めてからは文学や世界史に興味が出て、学力が飛躍的に伸びた。上から目線で申し訳ないが、さすがたくさんの生徒を見ているだけのことはあるな…と感心せずにはいられない。

通常の高校生活を送るだけなら、勉強に対してプレッシャーを感じることはないが、これが受験となれば話が別だ。受験という言葉に触れるたび、小学生の頃に親から「ドリルをやりなさい！」と言われた毎日が思い浮かぶ。兄のようにならなければいけないという焦りや、受験に失敗したら人生が終わるという不安は学年が上がるごとに膨らんでいった。父親が神戸大学卒業、兄が京都大学へ進学したという事実も僕の中では大きなプレッシャーとなっていた。「良い企業に就職するためには最終学歴が大事だ」と言われるたびに、胃がキリキリと痛む。

その痛みをかき消すように、僕は使える時間をすべて注ぎ込んで、父と同じ神戸大学を目指すことにしたのだ。朝起きて、夜寝るまでひたすら勉強漬けの毎日。同じ高校に通っていたあきら（現・ベース）にも付き合ってもらって朝の6時に塾に行き、24時まで勉強をして帰るという生活は、精神的にも体力的にもきつかったが、なんとか受験までやり切ることができた。

しかし、受験まで勉強をやり切れたからといって、合格に繋がるわけではない。残念ながら、神戸大学は不合格。僕は目の前が真っ暗になって、絶望した。人生が終わったと思ったし、終わるくらいなら浪人して再度神戸大学を受験しようかとも考えた。が、兄から「お前は猶予期間だと思ってダラダラするんやから、絶対にやめておけ。大学で人生決まらんから！」という猛反対を受け、僕は第2志望の関西学院《かんせいがくいん》大学へと進学することになったのだ。

兄よ、本当にありがとう。僕は浪人していたら兄の言う通りダラダラとした猶予期間を過ごし、失敗していただろう。あのときは大学で人生が決まると本気で思っていたから冷静に判断できなかったが、今なら自信を持って言える。大学だけで人生は決まらない。

当時の僕は、就職に有利なのは大学名だと思っていたし、今受験を控えている人たちにもその感覚はあるかもしれない。確かに一理あるし、受験は最大限努力すべきだ。受験勉強から得られるものもたくさんある。ただ、努力して大学受験に失敗したからといって人生が終わるわけではない。

大人になって僕の友人たちを見てみると、中学校のときにやんちゃしていた友だちが会社を経営していたり、有名大学を卒業している人よりも出世している、という現実がある。そんなの一例でしょ、と思うかもしれないが決して無視できない数であることは知っておいてほしい。

たとえ希望する大学に入れなかったとしても、一人の人間として魅力があるとか、考え方が面白いという方がよほど人から愛される。少なくとも、僕自身そういう人と一緒にいる方が刺激を感じられて楽しいし、そういう人と関わって生きていきたいと思っている。

学歴は、人間力には敵わない。これは今、僕が思っている嘘偽りない気持ちだ。

ゴッドマザー

大学、という響きには「夢のキャンパスライフ」という憧れに似たイメージがあった。まさにオレンジデイズのような甘い恋愛をして、友だちと旅行に行き、あんなことやこんなことまで…。しかし、そんな現実はやってこなかった。

実は、僕が高校3年生の受験期を必死に過ごしていた頃、母が乳がんと診断されたのだ。勉強を終え帰宅すると、洗面所にある鏡の前で泣いている母を見たこともある。手には櫛と大量に抜け落ちた髪の毛。治療に必要とはいえ、抗がん剤の副作用は母の精神を苦しめていった。母親が、がんになったと聞いたとき、真っ先に浮かんだのは「僕のせいだ」という五文字。関係ないと思う人もいるだろう。そんなのこじつけだと笑う人もいるはずだ。だけど、今まで語ってきたように中学生の僕は母と衝突し、母の顔面を殴り、高校に入っても2度停学処分になるなど、これでもかというくらいに心配をかけてきたのだ。このストレスがまったく関係ないとは思えない。

家には僕と母の二人きり。兄は早くに家を出ていたし、父も海外出張からほとんど帰ってこない。僕も大学に入ったら神戸で一人暮らしをする予定だったが、そうしたら母はどうなるだろうか。薬の副作用で手がむくみ、荷物すらまともに持てない母を置いて、自分の夢見たキャンパスライフを送る？　そんなことできるわけがない。

「今まで心配かけた分、回復するまで面倒見よう」そう心に誓い、実家から片道2時間かけて通学することにした。


仕方がないことだ、と分かってはいたが、当時父がほとんど家に帰ってこないことを僕は不満に思っていた。父が出張から帰ってきたタイミングで僕はその苛立ちをぶつけることになる。

「自分が好きで結婚した人ちゃうん？　おかんが大変なときくらい、もう少し多めに家に帰ってくるとかできんの？　俺、一人暮らしやめてここにいるんやけど」

「別に一人暮らししたらええやないか」

簡単に言ってくれる。まるで、今日の晩御飯を決めるくらいに軽い受け答えだった。その答えに納得できない僕は、食い下がる。

「そしたらおかんはどうするん？」

「そんな心配いらんやろ」

その言葉を聞いた瞬間、僕は父に対して怒りが込み上げ、気付いたら怒鳴っていた。

「この家族には信頼も愛もクソもないなぁ！」

父への苛立ちと同様、僕は兄にも不満を感じていた。たまに会えば「おかんに優しくしてやれよ」という説教じみた言葉を言われるだけ。優しくしてやれ？　遠くで一人暮らしして、自分の生活が何ひとつ変わらない人間がよくもそんなこと言えるな、と思っていた。言うだけなら誰にだってできる。優しいフリをすることだって簡単だ。こうして、僕は父と兄に対する信頼を失ってしまったのだ。

通院するようになった母は、日に日に弱っていくように見えた。もちろん、薬の副作用のせいなのは分かっている。これが回復するために必要な時間なのも理解している。それでも、腕がパンパンにむくんでいる姿や、眉根に皺を寄せて苦しんでいる様子を見れば不安に駆られた。

悪いことは重なるものだ、とよく言われるが僕の場合も例外じゃない。僕には当時高校時代から付き合っている彼女がいた。同じ塾に通っていた子で、「浪人することにはなっちゃうけど、このまま塾に通って自分の行きたい大学を目指すね」と話していた。本気で結婚を考えていたし、家族同士の仲も良好。そんな中、高校時代の友だちから耳を疑うような話を聞いた。

「○○ちゃん、俺らが教えてもらってた塾の先生と付き合ってる？」

嫌な予感は的中。僕の受験が終わった一週間後に電話がかかってきた。内容は、僕よりも塾講師を好きになってしまった…というもので、塾講師に彼女を奪われるという形で彼女との関係は終わった。

結婚まで考えていた彼女と別れ、僕は部屋にこもって沈んだ時間を過ごしていた。そんな僕を心配した母は、体調が優れないのに僕の部屋まで来て「これからもっとええ人が現れるんやから大丈夫」と声をかけてくれた。僕のメンタルが落ち込んだ1ヶ月間、ずっと僕のことを気にして励ましてくれた母。近くにいて母を助けているつもりが、結局また僕は母に助けられていた。今、当時のことを振り返ってみると、母親の偉大さに改めて気付かされる。自分が辛いときでも、子どもが困っていたら何でもする、という温かい気持ちに頭が下がる思いだ。

母の病状は、胸の切除手術や再発を抑える処置などを経て、僕が大学2年生になる前にはかなり良くなっていた。僕は女性ではないから、本当の意味で片方の胸を失う辛さは分からない。それでも、自分の身体にメスを入れられる恐怖や、身体の一部分を失う不安は、僕にも分かる。この話は、またのちほど語ることにしよう。

カケグルイ

母の体調も回復し普通の日常を送れるようになったのは、大学1年生のカリキュラムが終わる頃。母から「もう大丈夫だから、大学生活を楽しみなさい」と言われた。それまで、自分のやりたかったことを我慢していた分、反動が来たのかもしれない。僕の人生の中でもワースト3に入るくらいどうしようもない日常を送っていたことは、最初に告白しておく。

大学2年生になり、僕は勉強そっちのけで遊びまくった。授業にも出席せず、友だちと麻雀やパチンコ、スロットに明け暮れる毎日。一日で一攫千金を狙える、というギャンブルは大学生の僕にとってすごく魅力的だった。東に25万円出た台があると聞けばそちらに行き、西に回転率の良い台があると聞けば打ちに行く。

しかし、パチンコ店がそうそう潰れないのは、きちんと利益が出るからだ。最初の1ヶ月で僕の財布はパチンコ台に吸い取られ、ほぼ空っぽになってしまった。このままではいけないと思った僕は、友だちとともにチームを作り、パチンコ店に通い詰め、データを取るようになった。毎日、交代制で友だちとデータをチェックし、前日のデータを基に絶対に出る台を見つけては、全員で奇襲をかけるのだ。まさにスリルを感じる集団戦。

しょうもないことにハマってばかばかしいと思うだろうが、実際のところ1年かけて店ごとの傾向を調べ尽くした結果、僕の財布は潤いを取り戻していた。努力と頭の使いどころを完全に間違えた僕だったが、今のところ後悔はしていない。いや、クズみたいな生活を送っていたな、とは思うけど。

パチンコやスロットで勝ち続けることは不可能だが、きちんとデータを取り、戦略を立てれば勝率が上がることを学んだ。一見、博打に見えるような勝負も自分である程度コントロールできると知れたことは、僕の中でも大切な経験となった。博打も、自分で調整できれば、投資とそう変わらない。どんな道にだってリスクもリターンもあり、その都度自分で選び取っていくものだ。

就職活動中に、バンドを本格的にやろうと決めるまでこの生活は続いたが、バンドに力を入れはじめたことで、不思議とお金に対する欲や興味は薄れていった。こうして僕はバンドという名の博打を投資に変えるため、情熱を注ぐことになる。

拓也とは実家が同じマンションで幼稚園からの付き合いです。小学校中学年あたりまでは、マンションの同級生達と一緒によく外で遊んでいました。鬼ごっこに拓也がルールを加えて遊んでいたのを今思い返すと、当時から一捻りしたモノを好んでいた気がします。その頃から負けん気が強く、どの遊びでも勝つまで続けていた記憶があります。たまに悔しくて泣いていた姿も記憶にあります。

中学生になり、遊び方や遊ぶ友達が別々になり交流は無くなりました。拓也がファッションや音楽等に興味をもち、どんどん進んでいく姿を遠目に見て、寂しさよりも憧れが強くなって

鈴木重伸（Gt）

いったのを覚えています。高校生になり、拓也とあきらがバンドを組んでオリジナル曲をやっていると風の噂で聞きました。憧れから更に、雲の上の存在になったんだなと実感しました。

そんな拓也からバンドをやろうと誘われ、今に至ります。憧れ続けていた人と共に音楽をする事に対して、後ろめたい気持ちでいた時もありました。しかし、それでも僕を引っ張って成長させてくれて、時たま振り返って心配してくれる拓也に、今は感謝と尊敬があります。この恩を少しずつでも返しながら共に歩んでいける未来を今は切に願っています。

誰かのことを想うなんて傷つくだけじゃないか？
決して止まない痛みの雨に刺されるんじゃないか？
どうしようもない 僕の中だけでいい
本当にそうか？それでいいか？
なにか間違ってるんじゃないか？

誰かのために生きるなんて苦しいだけじゃないか？
君もなにも変わりやしない
僕と一緒なんだ
裏切ってくんだろ？そしていなくなんだろ？

人を愛し人を憎み そして人間となった
残酷なまでに世界とは 誰かとのもんさ
決して綺麗じゃない
そのままの自分でいい
何を選ぶか それだけは
僕の中に残したいんだ

作詞・作曲：山中拓也

接触

焼け付いた香り 鼻の機能を停め暗闇に閉まって
心ない言葉に 耳の機能を停め
また何かに膜を張った

僕が消えることは誰も
知らない

誰かのことを想うなんて傷つくだけじゃないか？
決して止まない痛みの雨に刺されるんじゃないか？
どうしようもない 僕の中だけでいい
本当にそうか？それでいいか？
なにか間違ってるんじゃないか？

うざったいな景色 眼の機能停め光を失って
痛む血の鼓動に 触れる機能を停め
味覚も切りとった

第2章 絆の音色

1stインプレッション

現在活動しているバンド『THE ORAL CIGARETTES（略称：オーラル）』のメンバーとは様々な思い出があり、そして運命のような出会いがあった。ここで、僕から見たメンバーの印象を紹介しようと思う。

シゲ

僕と一番付き合いが長いメンバーで、ギターを担当している。幼稚園の頃からの幼馴染みで、同じ小学校に通い、よく遊んでいた友だちの一人だった。しかし、小学生の頃に僕をいじめていたヤツの取り巻きだった、ということも忘れずに書いておこう。シゲ曰く、「拓也がケンカを吹っかけてきた」とのことだが、思い当たる節はないし、これは僕の本なのでこのまま進めていくことにする（笑）。

中学に上がるまでは、それでも仲良くやっていたのだが、進学してからはパタリと一緒に遊ばなくなってしまった。同じ中学の中では、シゲは秀才グループの一人で、やんちゃばかりする僕たちのグループを避けているように思えた。これはなんとなくの感覚でしかないが、僕のいるようなやんちゃなグループを毛嫌いし、馬鹿にしていたような気がする。まあ、そういう目を向けられるのはよくあることだったから、気にしてはいなかったけど。

それでも、家が近かったからシゲの母と僕の母はよく話をしていたようで、母経由でシゲのことを知るということが多かった。僕とシゲは別々の高校に進学したが、「高校に入ってシゲちゃん、バンド始めたらしいね」と、シゲの動向を知れたのは僕にとってラッキーなことだった。そのときの情報があったから、今のバンドに繋がっていると考えれば、僕とシゲの関係が切れなかったのは母のおかげと言えるかもしれない。

僕から見たシゲは、落ち着いていて静か。そしてどこか僕に似ている。まだ僕のようなやんちゃな人間に対しての苦手意識を感じるが、それでもコミュニケーション能力はかなり上がったと思うし、楽しく遊んでいた幼稚園の頃の関係が戻ってきたような気がしている。

育ち方は別々だけど、元々持っている性質はきっと同じ。自分にコンプレックスを持ち、その自信のなさが性格にも表れていると思う。その弱い部分を、なんとか巻き返そうと力を注いで人生を歩いているように見えるのは、僕の思い込みだろうか。

あきら

現在のバンドでは、ベース＆コーラスを担当。あきらの第一印象は最悪だった。初めて出会ったのは、高校の体験入学イベント。あきらは、僕が塾で仲良くしていた友だちの知り合いで、同じイベントに参加していた。染色体の模型を一から作る、という授業で、僕は先生の話を聞き逃し、どう見ても染色体ではない別のなにかを作り上げてしまった。その模型を見たあきらは、「うわうわ！　なにこれ！」と、あのTHE・太陽みたいな笑顔で茶化してきたのだ。…冗談のつもりか知らないけど、なんか腹立つ。そう思っていた僕は、あきらに対して苦手意識を持つようになっていった。

あきらは、誰とでも仲良くなれるようなタイプの人間で、僕とは真逆に位置している。「仲間に入れて！」と人の輪の中に入るのが抜群に上手かった。彼はユニークだし、明るい笑顔に胸を撃ち抜かれ、まるで魔法にかかったように彼の掌《てのひら》に乗っかっていく友だちを何人も見てきた。そんな彼に僕は多分嫉妬をしていたし、友だちが多い人を見て、「誰でもええんかい。薄っぺらいなあ」と半ば呆れた気持ちで見ていた。

ある日の下校中、あきらがしつこく僕に声をかけてきた。

「なあ、拓也〜！　一緒に帰ろうや〜！」

「（…ウザい。ウザすぎる。とにかく無視や。無視して帰ろう）」

「なんで無視する〜ん？　一緒に帰ろうて！　なあなあ！」

こんなやりとりが5回は続いただろうか。当時、空手を習っていた僕はあまりのしつこさにイライラして、上段蹴りを繰り出してしまった。

「(うわ…やっちまった。道場以外では使わないって決めてたのに)」

あきらの持っていたプラスチックのカバンはボロボロになり、どう見ても修復不可能。分かりやすく落ち込み、泣きそうになっているあきら。それでも、僕は強がってなんでもないことのように振る舞った。

「…もう近づいてくるなよ」

そう言い残して先に進む僕だったが、遠くからまたも聞こえてくる声。

「なあ〜!! 一緒に帰ろうやぁぁ〜!」

ボロボロになったカバンを背負いながら、満面の笑みで駆け寄ってくるあきら。その姿を見て僕は笑うしかなかった。


僕は、あきらと出会って笑えるようになった。人とのコミュニケーションも昔より上手になったと思うし、素直に感情を出せるようになったのはあきらのおかげだ。あきらは「拓也のせいで人と変に距離を置くようになった」と言っていたが、お互いに良いバランスになったのではないかと思っている。最近の彼は心も成長し、今となっては、当時も隠していただけで根本の部分で僕と似ているところがあったんだと思う。

まさやん

最後はドラム担当のまさやん。僕が初めて出会ったのは、まさやんが他のバンドでドラムを叩いていた頃だ。7つ年上ということもあり、どこか兄貴のように思っていた。ほとんどのバンドは、ライブが終わると打ち上げがあり、これでもかというくらい痴態を晒《さら》すものだが、その打ち上げにも基本的に参加しないのがまさやん。しかも、その理由がまた渋い。

「俺は、みんなのことを家に送らなあかんから、車で待ってるわ」

遊ぶことよりも、メンバーを安全に家まで帰すことを考えている。その言葉を聞いて、素直にカッコいいと思った。

もちろん、みんながきちんと帰れる算段が付いているときにはまさやんも打ち上げに参加する。その席でも、まさやんの温かい人柄は伝わってきた。

「俺は、ヴォーカルのためにドラムを叩いてるから」

ボソッと言ったその一言は、今でも僕の記憶に強く残っている。

仲間のためにという気持ちが言葉の端々から伝わってくるこの感覚は、僕にはとても懐かしかった。中学生の頃に仲間から教わった義理人情、それがまさやんにはある。だが、それもそのはずだ。僕たちが過ごしてきた青年期の環境はそっくりだったのだから。だから、僕には分かる。

「この人は汚いことをしない人だ」

絶対に仲間を見捨てない。たとえ、自分が傷だらけになったとしても。

まさやんをバンドに誘ったのは、僕のバンドにいたドラムが抜けてしまったタイミングだった。引き抜いた、というわけではなくちょうどその頃、まさやんの在籍していたバンドが解散することになったのだ。

あと少し時期がずれていたら、僕たちは今一緒にいないかもしれない。まさやんの仲間を思う気持ちを知らなかったら、僕たちは今笑っていないかもしれない。


オーラルに入ってからのまさやんは、おしゃべりなフランク兄ちゃんになったけど、本人は「これが俺の素やから！」と言っている。もしかしたら、僕らよりも大人だから合わせてくれている部分があるのかもしれない。それでも、僕は誰よりもストイックで人情味のあるまさやんと一緒に活動できて、良かったと思っている。


これが、僕とメンバーの出会い。今まで、たくさんの困難を乗り越えられたのも、仲間に恥じない人間でありたいと心から願えるのも、彼らのおかげだ。

本当に、ありがとう。

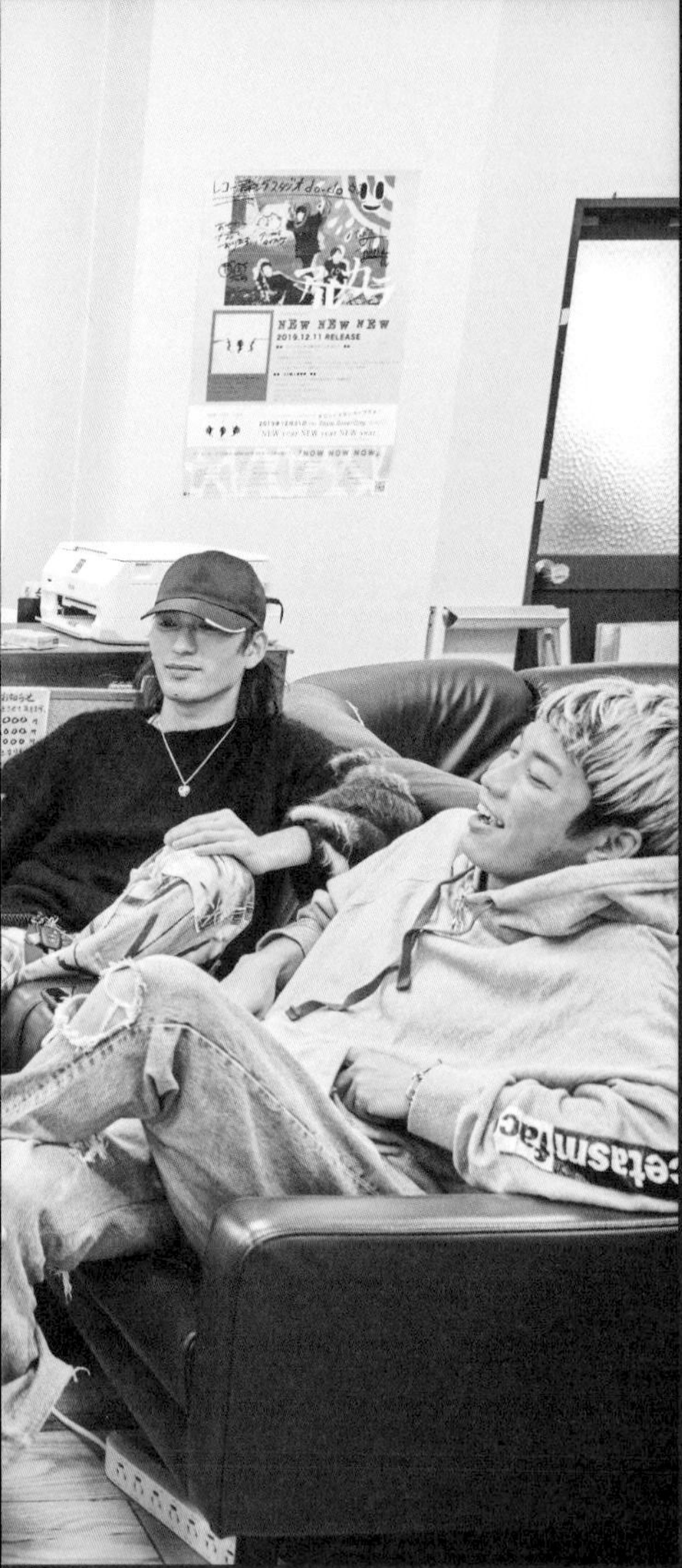
NEW NEW NEW
2019.12.11 RELEASE

IUGUALE3RELAX
3RELAX

助走

僕が小学生の頃に兄とセッションをしていた、という話は第1章で詳しく紹介したので、ここからはそれ以降の話。さて、音楽の時間を始めましょうか。

初めて人前で演奏する機会がやってきたのは、中学校の文化祭。あのときの光景は、今でも覚えている。ベースを鳴らせば、見ている人がステージの際までやってくる。キラキラした顔が目の前に並び、音に合わせて身体が揺れる。狭い部屋の中で練習しているだけでは味わえないような快感が、そこには確かにあった。その頃の僕は、まだまだ人を信用できていなかったし、他人に対して恐怖心を感じることもあったけど、音を鳴らしているときだけは一体感を感じられた。

その後、高校に上がってもバンドへの熱が冷めることはなかった。高校では軽音楽部であきらとバンドを組み、学校外ではシゲと一緒に『Janne Da Arc』のコピーバンドを組んで、毎日のように音を浴びていた。練習の合間を縫っては、ライブハウスに通い、自分が好きな音楽を追い求める。そういう日常が楽しかった。

バンドをやっていると、良い意味でも悪い意味でも評価をされる。当時あきらと組んでいたバンドのギタリストは丁寧な音作りをする人で、そのこだわりの強さを僕は信頼していた。憧れのギタリストに限りなく近い音を出せるように日々研究しており、押尾コータローさんのコピーも大したものだった。激しさよりも美しさを大事にしていることは、音を聴けばすぐに分かった。当時掲げていた僕たちの目標は、奈良で一番のバンドになること。美しさにこだわった音と、メンバー全員の目標に向かう姿勢があれば、可能性は低くないと思えるくらいの自信があった。

しかし、当時奈良で流行っていたのはパンクロック。言いすぎだと思われるかもしれないが、パンクロック以外は音楽じゃない、というような雰囲気がいたるところに流れていた。他のバンドマンには「お前たち、奈良でやる意味ないんじゃない？」と笑われ、今まで積み上げてきた自信は踏みつぶされることになった。僕は、悔しくて仕方なかった。僕たちのバンドの音は確かに流行の音ではない。だけど、流行と違うというだけで、「奈良でやる意味がない」とまで言われないといけないのか？

—絶対に認めさせてやる。

そう思った僕たちは、オーラルの前身バンド『Higher Ground』で勝負することに決めたのだ。今までこだわってきた音をとにかく研ぎ澄まそうと『Red Hot Chili Peppers』のような激しさを前面に出したバンドで僕たちはまた歩みを加速させた。

その場所の主流に流されず、自分たちの音楽を突き詰めるしかないと思った。

このジャンルを貫き通したことで、まわりのバンドマンからの評価は格段に上がった。自分が尊敬している先輩に「すげえいいじゃん！　カッコいいよお前ら」と認めてもらえるようにもなり、素直に嬉しいと思えていた。奈良で一番のバンドという目標に、ほんの少し近づけた気がして僕のモチベーションは上がっていった。

しかし、奈良のバンドシーンへと足を踏み入れたときに問題が訪れた。当時のバンドシーンを引っ張っている人たちの音を聴いたときに、ギタリストが言葉を漏らした。

「こんなのただの雑音だ。音楽じゃない」

そう彼はつぶやいて奈良のシーンを去っていった。僕と、彼の大切にしたいものは違った。僕とあきらは、その場所でトップを取るということにこだわりを持っていたが、彼はそこに執着がなく、雑音にしか聴こえない奈良のバンドシーンでトップを取ることに価値を一切感じていなかった。簡単に言えば、世の中でよく聞く〝方向性の違い〟ってことになるんだろう。だけど、実際はそんな言葉で簡単に片づけられるほど、無機質で冷たい関係じゃなかった。

ギタリストが抜けたあと、新たにベーシストが加入し、それまでベースを担当していた僕がギターを弾くことになった。そのときのベーシストは「奈良で1位を取る」

という目標についてきてくれて、週に1～2回はライブをするという過酷なスケジュールにも弱音を吐かずにやり切ってくれた。

その結果、僕たちは奈良で行なわれた、バンドの高校生選手権で優勝。今までとは比べ物にならないくらい知名度は上がり、ライブハウスを満員にできるようになっていった。当時17歳。すでに、全国ツアーを回っているようなバンドのツアーに参加することもちらほらとできるようになった。移動して、ライブをして、練習してまた移動…それが繰り返される生活を送るうちに、「これがバンドマンの生活か…」という感覚が身体に染み込んでいった。めちゃくちゃハードな生活だけど、それを上回る達成感。辛いのに、気持ちいい。この相反しながらも表裏一体の感情が芽生えたことが、バンドを続けようと思ったきっかけになっていると思う。

だけど、当時の僕たちには大きな壁が立ちふさがっていた。…そう、大学受験。バンドの生活だけでも半端じゃなくハードだったのに、それに加えて勉強をするというのは無理な話。そのタイミングで、一度バンドを休止することになった。

期待

バンドの休止ライブには、たくさんのファンが集まってくれた。涙を流しながら「早く戻ってきてね」と言ってくれる人もいれば、「ずっと待ってるからね」と笑顔で声をかけてくれた人もいた。高校3年生になって、あきらと塾に通い詰めている中でも、その日のことを思い出して、早くバンドに戻れるように頑張ろうと思っていた。

だが、受験が終わり復帰ライブを行なうと、集まった人はたったの3人。「あの休止ライブで声をかけてくれた人たちも、涙を流してくれた人も幻覚だったんだよ」そう言われたら、危うく信じてしまうくらいには衝撃を受けた。そして、一瞬遅れて悲しみと不満が込み上げてきた。

「あんなに泣いてたやん。あんなに悲しんでたやん。それなのに、もう俺らのこと忘れてしまうん？」

当時は、本気でそう思っていた。

だけど、今僕が抱えている気持ちはあの頃とはまったく違う。たとえ、そのとき泣いてくれたとしても、それぞれの人生を生きて生活に追われるうちに大切なものが変わるというのはよくあること。僕自身も日常的にあることだ。そういう人たちに対してずっと待っていてくれと過度に期待し、それが裏切られたからといって憤慨するのは、お門違《かどちが》い。こんなことは、友人関係でも恋愛でも起こりうる。

「大切に思っていたのに裏切られた」

「あんなに尽くしたのに、なにもしてくれない」

相手との距離感が縮まると、人は無意識のうちに期待してしまうものだ。そしてそれが裏切られたと思えば、不満は他者へと向かっていく。だけど、その期待は他人が生み出したものではない。僕が自分勝手に生み出した期待で、自分を苦しめているだけなのだ。

その苦しみを解消するために、僕はあのライブから自分自身に期待することにしたのだ。人を憎むんじゃなくて、失敗しても自分のせいだと思える方が、僕の精神は保たれる。あのとき、復帰ライブで人が来なかったのは、ファンが僕を忘れたからじゃない。空いた時間を埋められるほどの印象を残せなかったからだ。なんて悔しい話だろう。だけど、その悔しいと思うエネルギーが、絶対に良いライブにしてやる、という気概に繋がっていくと思っている。

消えたはずの声

『Higher Ground』のときには、あきらがヴォーカルを務めていたのだが、ドラムが抜けたこともあり、一度解散して新たなバンドを結成しようという話になった。そのタイミングで、あきらからひとつの提案が挙がる。

「今まで曲を書いてたのは拓也やん？　やっぱり、実際に書いてる人間が言葉にして歌った方が説得力あるし、人の心を動かせるんやないかって思うんやけど」

「…絶対にやだ。俺は歌いたくない」

「なんでそんな嫌がるん？」


少し、子どもの頃の話に戻ろう。こんなに嫌がっている僕だが、元々は歌うことが大好きだった。小学生の頃は音域も広く、それこそ宇多田ヒカルさんの曲を普通に歌えてしまうくらい。兄とカラオケに行ったときには、高音が出なくて苦しんでいる兄を見て不思議に思っていた。家族からも「歌が上手だね」ともてはやされ、すごく嬉しかったのを覚えている。勉強で比べられてはいつも負けていた僕にスポットライトが当たる瞬間だったから。

しかし、自分の声に自信を持てていたのは小学生の間だけだった。中学校へ上がり、休み時間にバスケの試合をしていたときのことだ。ディフェンスをしようとした友だちの腕が僕の喉元へとクリーンヒット。それをきっかけに声変わりしていった。なんて滑稽なのだろう。そこから僕の声は信じられないほど低くなっていった。自分の話した言葉が、いつもとは違う声で再生される気持ち悪さはそんなに簡単に受け入れられるものではない。自信がコンプレックスに変わり、二度とあの音域で歌うことはできないという喪失感を味わって、僕は歌というものから距離を置くようになった。

中学時代、「カラオケに行こう」と誘ってくる友だちは自分の声の変化を受け入れているように見えて、僕は羨ましかった。自分一人だけが変わってしまったことを受け入れられず、昔の声にしがみついている。なんてみじめなのだろう。


コンプレックスを抱えてきた僕にとって、あきらの提案は簡単に受け入れられるようなものではなかった。自分の声が嫌いなのに、歌う意味ってなんだ？　歌うことで、「歌えない」という事実を突きつけられてしまうという恐怖を、あきらに伝える。しかし、それでもあきらが引くことはなかった。

「とりあえず一回やってみようや。あかんかったらそれでもええから。拓也がヴォーカルに挑戦してくれるんやったら、俺も今までやったことのないベースやってみるからさ。二人でゼロからスタートしようや。」

—ゼロからのスタート。

僕はこの言葉に引っ張られるように、中学生の頃に向き合えなかった自分の声変わりを受け入れてみようと思った。あきらはいつだって太陽みたいに笑って、人のことを動かす。高校の頃、出会ったときとなにも変わらない。

こうして、僕たちは『THE ORAL CIGARETTES』という新たなバンドを結成した。

今の僕が伝えられることは、コンプレックスと向き合うのに、早さは関係ないということ。自分にとってふさわしい時期というのは必ず訪れるものだから。まわりと比べて自分は先に進めていないとか、不安になることもあると思うけど、どうか焦らないで。僕にとってのきっかけがあきらの言葉だったように、このエピソードが誰かにとってのきっかけになるといいなと思います。

師匠

インディーズ時代の生活は、今思い出しても地獄のような日々だったと思う。バンドはとにかく人に見てもらわなければ始まらない。ファンを増やし、音楽業界の人と出会い、いつの日かもっと有名になる。そんな夢を僕たちは抱いていた。そのためには、ライブハウスを借りて一人でも多くの人に見てもらうことが必要不可欠だ。

しかし、ライブハウスには多くの場合、ノルマというものがある。3万円分のチケットを売り、そのチケット代が場所代に充てられるのだ。このシステムは、ある程度お客さんが呼べるくらいのバンドにとってはありがたいものだが、できたてホヤホヤのバンドが、そんなにたくさんのお客さんを呼べるわけもない。結局、毎回3万円を自腹で払い、数人に見てもらうようなライブを続けることが、この頃の僕らには精いっぱいだった。

通常のライブに加え、奈良・神戸・大阪・京都を回るツアーに参加すると、10万円なんてあっという間に消えていく。真夏でも車中泊しながら会場を回り、汗をかいてもロクにシャワーも浴びられない。そんな男が4人集まって車の中で寝ているなんて、想像するだけで汗臭い。

この頃、使えるお金をすべてバンドに捧げようと思っていたから、食費もギリギリまで切り詰めた。一日の食費が100円しか使えない日もあり、スーパーで安くなった見切り品のもやし1袋で空腹をしのぐことも少なくなかった。

そして、ライブをするうえで大切なのは、なんといっても練習だ。しかし、ライブをするためのお金を稼げば、練習する時間が減るし、練習に力を入れればライブはできない。どちらのバランスも保ったまま、活動を続けるのは気力も体力も削られていった。

そこまでしても、僕たちのライブには思うように人が集まらなかった。せっかくライブを開いても観客が0人だったこともある。食費を削り、寝る間を惜しんでバイトしたお金で、無観客ライブを開くことの虚しさよ。

なんのために働いたんだっけ？

なんのために練習したんだっけ？

なんのためにここにいるんだっけ？

そんな問いかけが自分の頭の中を巡った。それでも僕たちは、「たとえ観客が0人だったとしても、ライブハウスの人に良い音楽を届けよう」と声をかけ合って、なけなしのプライドを奮い立たせるしかなかった。そうすることでしか、バンドを続けるモチベーションを保てなかったと言ってもいいだろう。

手ごたえがない、というのは致命的なダメージを与える。音楽業界の人に声をかけてもらえることもなく、まわりで活動しているバンドからは「やっぱり東京や大阪に行かないとダメなんじゃない？」という言葉が漏れ聞こえていた。

僕らは、大阪でライブ活動をしていたとき「ESAKA MUSE」というライブハウスをホームにしていた。このライブハウスは僕が大学生の頃からお世話になっている場所で、「キミらは上に行く気がするからノルマいらんわ」という言葉に甘え、場所を貸してもらっていた。

いつものようにライブを終えると、僕の知人が一人の男性を紹介してくれた。それこそが、本項のタイトルにもなっている《師匠》だ。師匠は、ＦＭ８０２という大阪で有名な音楽専門のラジオ局で働いている。僕もバイト中にずっと聴いているくらいに好きなチャンネルで、ファンと言ってもいいくらいだ。そんな人が、僕らのライブを見て「キミたちがこんなところにいるのはもったいないよ！」と熱く語っている。こんな夢みたいなことがあるだろうか。

「キミたちは、もう活動する場所とか決まってるの？」

「僕たちまだ全然有名ではなくて、どこからも声がかかっていないんです。関西で活動を続けた方が良いのか、もっと目立つ場所に行くべきなのか悩んでるくらいで…」

「それなら、俺が推してあげるよ」

この言葉をきっかけに、僕らはいろんなところから声をかけてもらえるようになった。バンドマンの育成について話してくれる人や、音楽業界の人…。師匠のおかげで繋がった縁は数多い。


師匠は、今でも僕たちのライブに来てくれて、必ず感想を伝えてくれる。そして、良いときは褒めちぎり、悪いときにはきちんと叱ってくれる大切な存在だ。

「今日のライブは良くなかったな」

僕たちのすべてを知っている師匠に言われてしまったら、ムカつくことすらできない。何が悪かったのか、どうしたら良かったのかを真剣に考え、次のライブに生かしていく。そうやって、今日までともに歩いてきた。

Radical Radio
シナリオアート

自分たちがやってきた音楽を《業界の大人》から認めてもらえるというのは、バンドを活動している人間にとって大きな自信に繋がる。僕たちが師匠と出会ったように、僕らの先輩にも大人との出会いがあった。

「音楽業界の人に声をかけてもらって、メジャーデビューすることになったんだ」

「良かったじゃないすか！　これから忙しくなりますね。おめでとうございます！」

僕は、本当に嬉しかった。一緒に頑張ってきた先輩が、チャンスをつかんで次々と地元から飛び立っていった。自分たちの夢を叶えるために。

しかし、いくら待っても先輩たちの活躍が僕たちの耳に入ってくることはなかった。会社に入った先輩たちが、忽然と姿を消す。僕たちの目指す道の先には、そんなモデルケースばかりが転がっていて、いつしか《業界の大人》という存在に不信感を抱くようになった。

「俺らの好きな音楽を消しやがって……！」

そう思わずにはいられなかった。

ある日、僕たちのところにも業界の大人がやってきて声をかけてきた。

「今日見たバンドの中で一番良かった！　今後の活動について話をさせてほしい」

先輩の一件があったとはいえ、褒められればやっぱり嬉しい。僕たちのことを認めてくれたのかもしれないという期待は、どうしてもしてしまうものだ。しかし、他のバンドから聞かされたある言葉で現実に引き戻された。

「俺たち、今日見たバンドの中で一番良かったって業界の人に声をかけてもらえた！もしかしたらデビューするかもしれん！」

……ついさっきどこかで聞いた話だ。このとき、先輩たちが消えていく理由が、ほんの少し分かった気がした。ズルくて汚い大人たちに騙されて、僕の好きだった先輩たちは消されていったんだ。だから、僕たちは絶対に大人たちの言葉に飲み込まれないようにしよう、と心に誓った。


こうして、僕たちは業界の大人に頼らない形を考えはじめた。僕らを利用しようとする大人からしか声がかからないのなら、いっそのこと自主レーベルを立ち上げればいい。そして、僕たちは誰にも頼らずにやっていこうという意思をまわりに示すために、ZIG-ZAG RECORDSを設立することになった。

忍び寄る病

自主レーベルを設立して1年半、僕たちは忙しいながらも充実したバンド生活を送っていた。だが、2012年7月。僕は今まで経験したことのない体調不良に襲われることになる。

最初は、僕を担当してくれた医者も大したことないと思っていた。単なる熱中症と診断され点滴をすれば回復するはずだと言われたが、家に帰ってもだるさは抜けず、時間が経つにつれて気分が悪くなっていく。なにかがおかしい。不安になった僕は、親に頼んで大きい病院に連れていってもらうことにした。

精密検査の結果を見ると、肝臓に異常があることが分かった。だが、肝臓の数値が異常だということが分かっただけで、医者は原因不明だと言う。治療方針も決まらないまま僕は苦しみ続けるしかなかった。40度を超える熱に浮かされていたが、この時期はバンドにとって大切な時期。ツアーの予定が決まっている中で、休むという選択は簡単にはできなかった。バンドに迷惑をかけたくない一心で僕は医者に頼み込んだ。

「僕、ツアーがあるんで終わってから治療します」

「…きみ、このままだと死ぬよ？」

仲間と作り上げてきたバンドか、自分の命か。究極の選択だった。しかし、僕の意思に反して身体は日に日に弱っていく。このままではツアーを回っても満足のいくライブができないと思った僕は、この原因不明の病と闘うことにした。

闘うと言っても、僕にできることなどほとんどない。朝から晩まで吐き続け、生きた心地のしない毎日を送るだけ。なす術もなく、防戦一方となってしまった僕は、ついに集中治療室へと運ばれ、息をするのもやっとという状態にまで追い込まれた。

先生は僕の母に「もう助からないかもしれないから、心の準備をしてください」と、ドラマでよく聞くような紋切り型の言葉を告げたあと、ただ経過を観察するだけになった。原因不明の病気ということもあり、県内の病院から精鋭の医師が20人ほど集まり、僕の身体を検査させてほしいと言ってきたときには、安心感ではなく恐怖を感じたのを覚えている。「きみを助けるために検査したい」なんて言ってはいるが、原因が分からないのだから、何度手術を受けたって良くなるわけがない。回復させるための手術ではなくて、僕の身体がどうなっているのかを確かめるためだけに身体を開きたいんじゃないか。そう思うくらい仰々《ぎょうぎょう》しい集団だった。結局、観察のための手術を2、3回行なっても病気の原因は分からなかった。

40度の熱は1ヶ月半続き、僕の体力はもう限界だった。誰かと話しても、夢の中にいるような感覚しか残っておらず、ボーッとした頭で「もう死ぬんやなぁ…」と静かに思うことしかできなかった。

怖い。

嫌だ。

死にたくない。

まだバンドを続けたい。

次々に湧いてくる生への欲望が、支えになったのだろうか。僕の身体に奇跡が起きた。もう無理かもしれないという数日を過ごしたある日、僕の頭では走馬灯が流れていた。子どもの頃は泣き虫だった僕、中学校で荒れた記憶、高校でお世話になった恩師…今までに見てきた画《え》が次々と流れていく様子を懐かしい気持ちで見ていた。「こんなこともあったなぁ…」とぼんやり考えていると、いきなり僕の脳内に「起きろ!!」という低い声が鳴り響いた。その声に驚いて、ハッとして目を覚ますと不思議なことに熱が急激に下がっていたのだ。緊急検査を受けると、肝臓の数値も下がっていて、徐々に体力も回復していった。回復した理由は今でも分かっていないが、僕は奇跡が起きたのだと信じている。

あの走馬灯は、夢だったのだろうか。

あの低い声の主は一体誰だろうか。

僕にはなにも分からない。分かっているのは、僕が今生きているということだけだ。

死の淵をさまよったあの時期のことを思い返すと、僕はなんとも言えない気持ちになる。ばかげた話だと思うかもしれないが、あのとき僕は死ぬ運命で、なにかの手違いで今を生きているのではないかと考えることがある。今、僕が生きているのは本来僕がいないはずだった世界なんじゃないか、とか。

あの日から、僕は長い余生を送っているんじゃないだろうか。

BKW!!(番狂わせ)

僕が病気になったせいで、バンドの活動は著しく停滞。予定していたツアーは全部白紙となり、あきらとシゲがライブハウスを回って頭を下げてくれるなど、迷惑をかけてしまうことが多かった。さらに、ドラムが「バンドよりも大切にしたいことが見つかった」という理由で脱退。

僕の体調は戻りつつあったものの、経過観察のためすぐに動けるような状態ではなく、もどかしい時間が過ぎていった。練習やライブをできなかったとしても、バンドのためにできることはなにかないか。そう考えたときに頭に浮かんだのが、オーディションだ。それまでは、音楽をやっていない大人が順位を決めることになんの意味があるんだと思っていた。知らない人に順番を決められて、「いい音楽だ」と認められても嬉しくない。でも、大人に認められるためじゃなくて、僕は頭を下げに行ってくれたあきらとシゲのために、少しでもバンド活動に光を見せたかった。ツアーもなくなって、今後の予定が真っ白になっていく中、バラバラになってしまったらどうしようと思う気持ちもあったのかもしれない。

だが、予定が決まったところで、肝心のドラムを見つけないことにはなにもできない。そのときに声をかけたのが今のドラム、まさやんだ。まさやんの在籍していたバンドが数ヶ月前に解散し、大変な時期だというのは分かっていたが、それでも僕は必死に頼み込んでオーディションに出てもらう約束を取り付けた。


こうして、僕らは現在所属している事務所のオーディションを受けることになったのだ。と言っても、先ほど書いた通り、オーディションに受かりたい！という強い意気込みを持っていたわけではない。この頃の僕は、業界の大人という存在が大嫌いだったし、そういう人たちに僕たちのバンドを判断されるのも嫌だった。

そしてオーディション当日。僕たちの前にズラッと並んだ大人たちの様子を見て、愕然とした。自分たちが主催したオーディションにもかかわらず、審査員席に座っている人たちは胸の前で腕を組み、仏頂面を首の上にのせてこっちを見ている。とてもじゃないが、曲を聴こうとする態度ではない。その顔を見ているうちに僕はだんだんと怒りが湧いてきた。僕たちの順番がやってきたとき、怒りのボルテージは最高潮。大好きだった先輩たちは、こんな大人たちに潰されたのか？　自分たちのイベントを楽しめない人間に、バンドを評価する資格なんてないのに…。《業界の大人》に対して溜まっていた不信感が、言葉となってあふれ出す。

「あんたらのイベントなのに、あんたらが腕組んでるのおかしくない？　自分たちで盛り上げろや！」

心の中で「これは終わった」と思った瞬間、シーンと静まりかえった会場で、一人のおじさんが組んでいた腕をほどき、手を掲げた。そのあとに続いて、まわりの大人たちも腕をほどいてこちらを見つめる。なんとも不思議な光景だった。

今、冷静に振り返れば僕の一言は「嫌なら帰っていいよ」と一蹴されてもおかしくないもので、選考からはじかれたとしても仕方がない。しかし、オーディションの結果は、見事優勝。あれだけのことを言ったのに、バンドを評価してくれる心意気は、僕にとって気持ちの良いものだった。


だが、1回評価されたくらいで、《業界の大人》への不信感が消えることはない。東京に出てきなよ、という事務所からの要請を断った。「1年はこのまま奈良に残って活動を続けるから、東京に行くのはそのあと考えます」と伝え、事務所からの返事を待った。正直、この選択は賭けだった。声をかけられれば「行きたい」と飛びつくバンドなんて腐るほどある。僕たちじゃなくても構わない、と見捨てられてしまうことだって考えられる話だ。

それなら、すぐに東京に行って活動をすれば有利じゃないかと思う人も当然いるだろう。だけど、僕たちはまだ大人というものを信じることができなかったのだ。だからこそ、あなたたちの言いなりにはならない、というスタンスを見せつけたかった。いくら自主レーベルを持っているとはいえ、かけられるお金もノウハウも事務所の方が格段に上。比べるまでもない。そういう相手と対等に渡り合うにはどうすればいいか、と考えた結果が1年の猶予をもらうことだったのだ。

相手の言うことを簡単に聞いてしまっては、自分たちのバンドが雑に扱われることにも繋がりかねない。そうして、自分の音楽を食いつぶされていった先にあるのは絶望だけだ。自分たちのバンドを守るためには、上下関係を作らず、大人の力をけん制して、対等な関係であることが大切なのだと、僕は今でも思っている。

不安を抱えながらの提案だったが、事務所の人は僕たちの考えを尊重し1年待ってくれることになった。その答えを聞いてから、僕は《大人》という存在に対しての見方が少しずつ変わっていった気がする。

人間性を磨く

バンドマンの中には「男気で勝負しろ」というこだわりを持つ人や「技術力がなければ意味がない」というものさしを持っている人たちが多い。その考えを僕は否定しないし、間違っているとも思っていない。だが、そのものさしに当てはまらない僕たちは、インディーズ時代からなにかと嫌味を言われることが多かった。

「ヴォーカル代えた方がええんちゃう？　その声受けへんやろ？」

「アイドルバンドかよ」

思い出すだけで腹が立つ。何が売れるのか分かってるなら、自分でその道を進んだらいい。それなのに人の足を引っ張って、やる気を削《そ》いで、心ない言葉は僕たちを潰そうとしてくる。でも、そんな基準に自分たちを当てはめようなんて思わなかった。

じゃあ僕がバンドに求めるものは何か。それは、ステージ上の華だ。ただステージ上にいるだけで目を奪われるような圧倒的な存在感。それこそが、僕が好きになったミュージシャンが全員持っているものだった。ヴォーカリストの吐いた言葉には、多くを語らなくても、なにを大切にしてどんな生き方をしてきたのかが香るものだ。僕は、好きなバンドのライブに行っては、この覇気はどこから発せられているものなのかを研究し、〝華〟という目に見えない魅力を自分の中に取り込んでいくことにした。

僕が、一番最初に取り入れていた服装もこの考え方と繋がっている。スカートっぽく見えるサルエルパンツ、首元にはチョーカー、全身黒を基調としたスタイル。スカートもチョーカーも女性が着けるものという感覚が強い世の中で、本当は男が着けたっていいんじゃないの？というメッセージを込めた。黒はすべてを覆いつくす色。日常的に当たり前だと思い込んで、目を背けていることに僕たちは光を当てていきたい。そんな思いを言外に感じ取ってほしかったのだ。誰かが作った当たり前に、疑問を持つのは想像以上に難しい。「男なんだから泣くな」と言われればそういうものかと受け取ってしまうし、「子どもを産むことが女の幸せ」と押し付けられれば、その道に沿って歩いてしまう。だけど、常識と礼儀は違う。普通という言葉を盲目的に信じる必要もない。誰が決めたのかも分からないルールに従わないで、あなたはあなたのまま生きればいい。僕も僕の生きたいように、世の中の当たり前と戦い続けるから。

もちろん僕もタームごとに苦しんで、自分なりの答えを出すことで力に変える経験をしてきた。だけど、自分が成長できない方向に苦しむ必要なんてない。世の中が決めた価値基準に従って生きるのが辛いなら、もうやめたらいい。

Marshall

TOO FAST TO LIVE TO YOUNG TO

安定よ、さようなら

大学4年生になり、僕の前に立ちはだかったのは就職活動という名の壁。当然、音楽は一番にやりたいことだったが、両親に言い出すことはそう簡単な話ではなかった。前にも書いた通り、父と僕の仲は険悪で、一度就職の話をしたときに大ゲンカしていたのだ。

「俺、音楽の道に進みたいんやけど」

「そんな甘いこといつまで言っとるんや」

「…俺、おかんが病気のとき面倒見てたし、夢見てたキャンパスライフなんて送れんかった。だから、もう好きにしてええやろ？　家族への愛情も感じられん親父になに言われても響かんわ」

今思い返せば、言いすぎたのは分かってる。当時イライラしてた気持ちをぶつけてしまったのも失敗だ。だが、言葉にしたことは取り消せない。ケンカの末、父は僕のことを一本背負いで放り投げ家から追い出した。

そんなケンカをした後で、また同じ話をするなんて僕にはできなかった。言い出せない間も、就職活動はしなければならない。僕は、幸運なことに銀行への推薦をもらって、安定した人生への切符を手に入れることができた。親の望む安定した未来。この道を進んでほしいのは分かっていたけど、僕はバンドへの情熱を捨てられなかった。

まわりでバンドをしている先輩たちを見れば、確かに安定しているとは言い難い。でも、やりたいことをやっている充実感や、人間としての成長を大事にできる環境が、バンドという道にはあった。なんとなく予想のついてしまう人生よりも、僕はどうなるか分からない未知の世界へと進んでみたい。

先延ばしにしたところで、音楽への情熱が冷めることがないのは分かっていた。こうして僕は、再度父に認めてもらうため自分の気持ちを話すことにしたのだ。

「俺、バンドやりたいんやけど」

「そんなに甘い世界やないって何度言ったら分かんねん？」

「甘い世界じゃないのは分かってるよ。それでも、やりたい」

「じゃあお前は、ミナミホイールのサーキットライブに出られるくらい有名になれるんか？　これから先ダラダラ続けても仕方ないんやから、ライブに出られんかったら諦めろ」

ミナミホイールのサーキットライブと言えば、ＦＭ８０２が主催する超大型イベント。そこに集まるミュージシャンは、人を呼べるだけの確かな実績と経験を持っている人たちばかりだ。当時の僕たちにとっては、そこは夢の舞台。出してくれと言って簡単にOKがもらえるような場所ではない。しかし、父に許しをもらえるチャンスはこれだけ。僕たちは知り合いを頼りに、ミナミホイールの関係者に頼み込んだ。

「俺らの人生ここで終わっちゃうから、出してほしい」

「無理やんそんなの。頭下げたくらいで出られるならみんな苦労しないやろ」

「(…そりゃそうやな。みんな実力を認められて出るんやから)」

「でも…そんなに言うなら『JANUS』でライブしてみる? ちゃんと人埋められるんやったら、推薦してもええけど」

そして、僕たちはこの大阪・心斎橋のライブハウス、「JANUS」でのライブを成功させ、ミナミホイールに推薦してもらえることに。こうして僕たちは、無事にライブへの参加権を獲得した。

自分のやりたいことを、親に反対される人はきっとたくさんいるはずだ。そして、親やまわりの人に「やめた方がいい」「お前には向いていない」と言われたとき、その言葉は自分の心に重くのしかかる。

「自分にはセンスがないのかもしれない」

「途中で飽きてすぐに後悔するかもしれない」

そうやって自分のことを追い込んだ結果、手を伸ばせば届く距離にあった夢は次第に遠くなり、いつしか見えないところへと離れてしまうものだ。

だけど、僕は思う。やりたいことをやるのに、センスなんて本当に関係あるのだろうか？　正直な話、僕らのバンドは音楽性が高く評価されたわけでもなければ、有り余る才能があったわけでもない。今の事務所のオーディションも、僕たちより上手いバンドの方が多かった。ただ、思ったことを素直にぶつけたことが面白いと思ってもらえただけだ。

こういった話をすると、「好きなことを続けられるだけで才能がある」とか、「好きなことを仕事にできて良かったね」と言われることがある。そういう人と話しているときに、僕はあるギャップを感じている。好きなことをしていれば、嫌なことなんて大したことないでしょ？という思い込みだ。確かに、僕は自分の好きなことを仕事にできている。しかし、だからといって仕事をしている時間が楽しい時間であふれているというわけではない。今でも、自分よりも音楽の才能がある人に出会って、自分の才能のなさを恥じることもある。どうしたらこんな音楽が作れるんだと絶望し、嫉妬に似た気持ちに苦しむこともある。好きなことをするために、自分を苦しめる道を選ばなければならないときだってあるのだ。

同じ業界にいる人でも、「俺たちは好きなことだけやって売れたいんです」と甘えたことを言う人がいる。しかし、僕の実感からすると、そんな楽な道はない。あってたまるか。嫌なことを乗り越えて、苦しいことに正面からぶつかってきたからこそ、今の僕たちがいるのだから。そして、自分の知り合いを見渡しても〝好きなことだけ〟をやっている人なんていないように思うのだ。

さて、ここでみなさんに質問です。センスがなくても好きなことを仕事にできるなら、その道に進んでみたいと思いますか？　好きなことを仕事にしても辛く、嫌いなことを仕事にしても辛いなら、あなたはどちらを選びますか？

F·R·I·E·N·D

THE SHINING
Trainspotting
T2 Trainspotting
2017
CLIMAX

FAR EAST POWER COMPANY
a legend.
Carlos
GRETSCH
ELECTROMATIC
VARIAX

BIG BOY
388

GRETSCH
ELECTROMATIC
今敏 没後10年
KON'S TONE

高一の時に校舎の廊下での立ち話がバンドを組むきっかけになり、その騒がしい休み時間から僕らは先の見えない同じ道を進み始めました。

同じAB型だからなのか、昔から何故か意思疎通できてることが多くて、たくさん喧嘩もしたし、何周もして最近お互いへの愛情がすごいです（笑）。

拓也のことを一言で表すにはいいエピソードがあります。初めて実家の部屋に遊びに行った時に「模様替えしたいわあ」と言っていて、その次の日に行くと、ベッドの場所が変わっていました。拓也は頻繁に部屋の模様替えを

あきらかにあきら（Ba/Cho）

します。季節とかは関係なく。

とにかく行動するし、現状で満足しない。

常に変化を求める。常識を疑う。朝令暮改は当たり前。


そんな人間と一緒に歩き続けるのは大変やけど、田舎の高校の友達がロックスターになっていく姿を一番近くで見ていることは、少し不思議やけど、めちゃくちゃ誇らしい。

　これからも隣で肩を並べて同じ景色を見ていきたいです。いつもありがとう。これからもよろしく!!

—

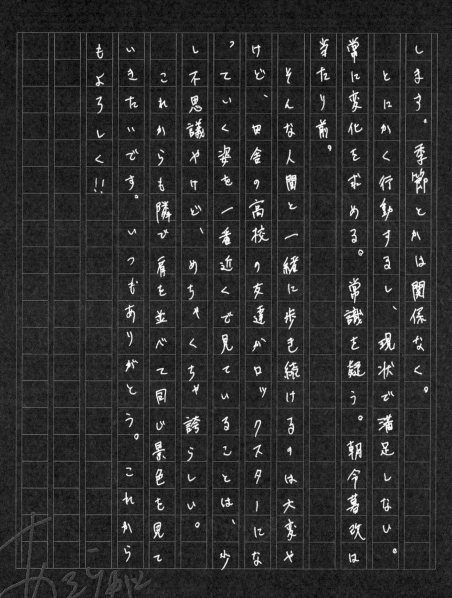

Just like it

Now I'm here

境界線数えきれなくなって

Now I'm here

存在も現れないようにと

Now I'm here

境界線壊したくないなんて

Now I'm here

それじゃあもう眼を見ることも出来ないから

もう一回 あなたのもとへ

帰れるなら 私は強くなれるから

そうずっと 追い越したかった

あいつに一歩近づくんだ 向き合うんだって誓った

もう何度 やり直しただろう

わからなかった でも無駄じゃないからきっと

簡単に終わらせないから

この歌を僕らの覚悟にしよう

周りのせいにしては誤摩化した

自分への愛がないと嘆いた

そんなの勝手な自分の言い訳でしょ？弱さだろ

自分自身が責任を持って

それでも手を差し伸べてくれたら

どれだけの感謝と喜びがそこに

生まれるか気づくから

期待はしないように進みたまへ

それでもまだ愛を探し続け

生まれ変わったあなたを僕に見せてよ

ここにいるからずっと

作詞・作曲：山中拓也

ONE'S AGAIN

期待はしないように進みたまへ
それでもまだ愛を探し続け
僕らは何万回も裏切られて
立ち上がり続けると

確かなものなんて　この世になくて
近づけられるか？限りないほうへ
例えば誰かに答えを求めて
心はどれくらい愛を満たした？

どうにもならない世界で
1人が寂しいなんて言う
ただ間違ってないほうへ
足を止めないように
輝く星達のところへ

もう一回　あなたのもとへ
帰れるなら　私は強くなれる
もう一回　1人になったって
帰れる場所がいつもここにあること
忘れないで

明日になればって想いを託した
片付けられるか？後悔の殺到を
いつしか悔しいと流した涙の
決意も力にして

もう一回　あなたのもとへ
帰れるなら　私は強くなれるから
もう一回　1人になったって
帰れる場所がいつもここにあること
時には弱い言葉も吐いて

第3章 他者という名のフィルター

内面と向き合う

オーラルを結成したタイミングで、僕は『アルカラ』というバンドとの対バンを切望していた。僕がずっと憧れていたバンドだ。バンド全体としてはもちろん、ヴォーカリストに寄せる尊敬の気持ちは並々ならぬものがあった。一緒にステージに立てば、とにかく場の雰囲気を盛り上げることに長け、ユーモア、明るさ、しゃべりの上手さ…良いところを挙げればキリがない。

僕はと言えば、人と簡単に打ち解けられるような性格でもなければ、面白いことがポンポンと浮かんでくるような人間でもない。アルカラのヴォーカルは、僕にないものを持っていて、そしてなにより僕たちよりも売れている。単純だった当時の僕は、「この人みたいになれたら売れるんだ」と思い込んでいた。それからしばらくは、MCで人を笑わせようとしたり、曲調を今までと全然違うテイストにしてみたりと、今までの自分のやり方を捨てて、アルカラの魅力を自分たちのバンドに取り入れようとしていた。あんなふうに太陽みたいな笑顔で笑わせられる姿は、僕の理想だった。

だが、どれほど頑張ったところで所詮は二番煎じ。アルカラのMCを聞けば、僕の

MCは見劣りするし、その差が埋まることはない。僕は取り入れる要素を思い切り間違えてしまったのだ。おそらく、このときの僕の考えは分かりやすかったのだろう。アルカラのメンバーは僕たちから急に距離を置くようになっていった。今思えば「拓也はものまねしないで、自分の感覚を大切にしていけ。俺らは拓也に自分のスタイルを崩してほしくないと思ってるから」という意図だったんだと思う。

こうして、アルカラが距離を置いてくれたことに、僕は感謝している。人と同じことをしても、その道で認められた本家には勝てるわけがない、ということに気が付いたからだ。アルカラにしかないものがあるように、きっと僕にも僕にしかないものがあるはずだ。しかし、自分の内面や個性、魅力について考えるというのは、想像以上に辛い作業だ。大人を嫌い、人を簡単に信用することがなく、自分の声にも人生にもコンプレックスのある僕に、果たして〝魅力〟となるものがあるのか？　その疑問はずっと僕に付きまとっていた。人を笑顔にする術なんて僕にはないのに、どうやって人に光を与えられるだろう。

だけど、答えはずっと目の前にあった。何度も自分の人生やコンプレックスについて考えているうちに、この人生やコンプレックスこそ自分にしかない〝魅力〟なんじゃないかと思えるようになっていったのだ。大嫌いな低い声も、誰もが持っているものではない。そして僕が大人を嫌いだと思っている感情も、きっと言葉にして伝えられる人は少ないだろう。僕の光は、太陽みたいに人のことを温かくすることはできないかもしれない。でも、自分の生き様を見せることで、絶望しながら生きている人に違う光を届けられると思った。自分の声や人生、容姿、いろんな部分にコンプレックスはあるけど、それを否定してしまったら自分が今まで歩いてきた人生もすべて否定することになってしまう。辛い思いをしたからこそ、僕は同じ経験をした人の気持ちを知ることができる。だから、どんなに不幸だと思うようなことにも光はあるんだと信じている。僕は、僕の人生を肯定するために嫌いな自分を受け入れることにした。

きっと誰にだってコンプレックスはあるはずだ。僕の憧れたアルカラにだって、あなたが羨む人にだってあるだろう。コンプレックスに苦しんでいるうちは、そこから逃げ出したいと思うだろうし、「それがあなたの個性だ」と語ったところで納得させられるとは思っていない。僕がコンプレックスを個性だと思えるようになるまでにはそれなりに時間がかかったし、辛い時間も過ごした。だから、それぞれの人に腑に落ちる瞬間や、そこまでにかかる時間、自分を見つめ直すきっかけのようなものが必要なのだと思う。そして、そのタイミングも人それぞれあるはずだ。

自分の嫌いな部分を見つめるとき、変わりたいとか悩みたくないといった自分とぶつかるだろう。しかし、僕はその葛藤と向き合う時間こそ大切にしてほしいと思う。今ある悩みは、今の自分しか悩むことができないからだ。仕事について悩むことも、容姿について悩むことも、すべて無駄にはならないし悩んだ時間はきっとあなたを強くする。僕もあなたと同じように、不完全で未熟な人間だ。でも、だからこそ僕たちはお互いを理解して高め合うことができる。

あ、そうだ。それ以降アルカラとは不仲なままだと思われるのは不本意なので、その後の展開についても書いておこう。彼らとは2019年、僕たちの主催した野外ライブイベント『PARASITE DEJAVU』で対バンが実現。あの頃とは違う自分の姿を見せられて、本当に良かったと思う。ライブが終わったあとヴォーカルの太佑さんが「お前は俺がやりたくてもできへんかったこと全部やってくれた。カッコええわ」って言ってくれたときは、泣いてしまうかと思うくらい感動した。

もし僕がカッコよく見えていたのだとしたら、それは紛れもなくアルカラのおかげだ。あのとき距離をとってくれなかったら、僕は自分の魅力に気付かないまま、消えていたかもしれない。長い時間がかかったけれど、こうしてまた同じ舞台に立てて、互いにカッコいいと認め合うことができて良かったと心から思う。

871

東京での活動をすんなりと受け入れず、1年間奈良で活動を続けようと決めた僕たちだったが、当然不安になることも多かった。「奈良で1年頑張って」と言ってくれた人も、本気でそう思っているわけではないだろう…。それくらいの穿《うが》った気持ちを持っていた。結局、自分たちのことは自分たちで守らなければいけない。そう気合いを入れ直したときに出会ったのが、マネージャーの柳井（871）さんだ。

柳井さんの第一印象は、今まで出会った音楽業界の人と全然違った。一般的な業界の人のイメージと言えば、スーツを着こなし、ネクタイをきっちり締め、腕章や関係者プレートも見えやすいように着用する。だが、この人は半袖半パン、金髪、関係者かどうかなんて一目見ただけでは分からなかった。

初めて会った飲み会の席でも柳井さんは、自由だった。

「あ〜あ。フレデリックの担当が良かったな〜」

「（え…こいつなんやねん。俺らの担当なのに、他のバンドが良かったとかよう言えるな）」

こんな感じで、第一印象は最悪。大阪で幹部が集まるような席でも、一人だけ外れたところから見下ろしている気がして、見ているだけでイライラした。

それでも、さすがはマネージャー。デビューのタイミングで、面白いことをやりたい、と伝えると練り直した提案をしてくれて、何度も相談にのってくれた。僕たちに合うスタイルを考え、やりたい気持ちも汲んでくれる。そうやってお互いの考えをすり合わせていくうちに、気が付くと僕たちと柳井さんの間には大きな信頼関係ができあがっていた。

僕が柳井さんから教えてもらったことは数多い。アーティストである前に、人に伝えられる人間であるのかを考えること、自分のやりたいことを人に分かってもらうときの言葉の選び方、面白さだけでなくリスクをきちんと考えること。これは、もしかしたら柳井さんが部下に教えるようなことなのかもしれない。だけど、僕は柳井さんの言葉に助けられて、自分の納得できる作品やライブへと繋げることができている。

ふと頭をよぎるのは、こんなにマネジメントについて考えられる人間が、他のバンドを担当したかったと、何の意図もなく口にするだろうか？という疑問だ。もしかしたら、あれも僕たちをやる気にさせるためのマネジメント法だったのかもしれないと思うこともあるが…怖いので確認することはないだろう。

東京

東京、と聞いて人はどんなイメージを持つのだろうか。東京に出てくる前、僕は華やか、都会、カラフルなど、ポジティブなイメージを持っていた。が、実際に東京へ来てみるとその印象はまったく違った。

僕から見た東京は、色で表すならグレー。遠くから見ていると、黄色や赤、オレンジ…様々なネオンが光り輝いているイメージだったが、近づいてみるとだんだんとその汚さに気が付くのだ。まるで絵の具を何色も溶かした水のように。

東京は、街の特徴が5分歩いただけでがらりと変わる。統一性もなければ、ぼんやりとした印象しか残らない。つぎはぎだらけの街を歩けば、自分が何者なのかも分からなくなるような不思議な街だ。このままだと、自分が東京という街に侵食され、荒《すさ》んでいくような気さえした。こんな街で、友だちと呼べる人ができるだろうか。もしかしたら、誰とも仲良くなれないのではないか。最初はそんなふうに考えていた。

東京という街にあまり良い印象を抱かなかった僕にとって、上京してすぐメンバー4人で同居できたことは救いとなった。家に戻れば同郷の仲間がいるというだけで、自分を見失わずに済んだのだから。

4人で同じ家に住んでいた時期は、バンド全体を通してもいい経験になったと思う。連絡事項を共有するために掲示板を作ってくれるまさやん、家の掃除をこなしてくれるシゲ。そして、家のことはほとんどできないけど、その代わりに仕事で方針を決めていく僕とあきら。…良いように言ってるけど、本当は甘えてただけです。ごめんなさい（笑）。

冗談はさておき、思いついたアイディアをすぐにメンバーと共有できるのは貴重だった。家が別々の場合、予定を合わせて約束の日まで待たなければいけないけれど、たった数メートル移動するだけでその話し合いができる。自分の頭の中に流れる音をすぐに形にしてもらえることで、曲ができあがるまでのスピードが格段に上がった。一緒に生活する中で、お互いがどんな曲に興味があるのかを共有できたことも大きい。何に興味があるのか分かるだけで、言葉では伝えにくいニュアンスまで汲み取ることができるからだ。このときの感覚は、今でも楽曲を作るときに役に立っている部分でもある。

東京で活動を始めて、長い時間が過ぎた。東京という街に慣れはしたが、それでも故郷への愛着はいまだ色あせることはない。むしろ離れている時間が長ければ長いほど、望郷の念が増している気がする。今回の書籍化に当たり、撮影のために奈良へ帰ったのだが、やっぱり地元というのはつくづく特別な場所だと思う。高校生のときにはあきらと「この街にはなんにもねぇな」なんて言い合ってたのに、今では大切なものはすべて地元にあるとさえ思っている。

世界は繋がっているはずなのに、地元で一息深呼吸をすると「帰ってきた」という実感が湧いてくる。電車を降りると、「あぁ、この景色だ」と懐かしさが襲ってくる。そして地元のライブハウス、「生駒RHEBGATE」で当時の仲間に会えば、愛おしいという気持ちが自然と湧いてくるのだ。まさに無償の愛。この気持ちだけは、東京に持っていくことはできないだろう。「ただいま」と言えば、自然に「おかえり」と言ってもらえる。そんな故郷が僕は好きだ。

何年違う土地で暮らそうと、僕たちには「帰ってきた」と感じられる場所がある。これは大きな強みだ。他の土地で必死に戦いながらライブを行ない、地元に帰ってその成果を披露する。極端な話だが、僕たちはいくら東京で評価されても、地元で満足のいくライブができなければまったく意味がないとまで思っているのだ。

こんなふうに、東京に対するマイナスイメージばかり語ってしまっては、東京への憧れが崩れてしまう人もいるかもしれないが、これはあくまでも僕の価値観だ。どうか気にしないでほしい。土地への愛着の差は確かにあるが、東京で繋がった出会いも多い。

東京は、何といっても人が多い。同じ志を持つ人間と知り合う機会も、地方と東京では全然違うだろう。自分が音楽の方向性で悩んだとき、すぐに連絡を取って相談することができるという環境は、東京ならではの利点だ。そして、僕はそういった人との出会いに救われてきた。

普通に生活していたら知り合わなかったような人間とも、友人から紹介されて自分の世界はどんどん広がっていった。違ったジャンルの人と意見を交わせば、今まで固定化されていた考えにも、違った方向から光が当たり、まったく違う価値観が生まれることがある。

僕はまだ奈良へは帰れない。でも、いつかあの街に帰りたい。そんなことを思っている。

自動販売機の男

忘れもしない、2015年7月14日。Zepp DiverCity Tokyoで開催したワンマンライブで、僕は歌えなくなった。実は1年くらい前から喉の調子が悪く、ポリープがあるのは分かっていた。だけど、Zepp DiverCityは僕たちが目標としてきた場所。このライブをやり切るまではどうしても止まりたくなかったのだ。もし止まったらファンが離れるかもしれないという恐怖に飲み込まれていたのかもしれない。

1年間、僕はステロイドを服用しステージに立ち続けた。薬の副作用で顔はパンパンにむくむし、吹き出物はできるし、精神的にも落ちていく。その変化に「生活習慣が悪いから肌が荒れているんだ」と言われたり、「自制できないならヴォーカル代えろよ」という声があるのも知っていた。当時、素直にポリープのことを説明できたら、誤解を受けることもなかっただろう。でも、変に心配させたり悲しませたくないという僕のわがままを押し通したかった。

ライブ当日は朝から喉に違和感があったので、病院へ行って点滴を打ってもらい、本番のためにリハーサルでの声出しも最小限に留めた。しかし、そんな小手先の対処法では抑えられないくらい、僕の喉には負担がかかっていたのだ。

本番を迎え、2曲を歌い終えたときにはすでに声がかすれていた。

そうして迎えた6曲目『自動販売機の男』で僕の声はついに消えた。歌えない悔しさと恥ずかしさで僕はステージ上にうずくまることしかできなかった。ステージの裏に下がったときも僕はただただボーッとしていた。まるで悪い夢を見ているようだ。もう死んでしまいたい。本気でそう思った。

「(誰か、もう止めてくれ。歌わなくていいって言ってくれ)」

現実から逃げ出したくて、誰かがそんな言葉をかけてくれるのを僕は待っていた。そんな僕の耳元で、柳井さんの声が響く。

「拓也。もう一回0からスタートしよう。今日起きたことは、ファンが0になるかもしれないようなことだけど、この悔しさをバネにしてこれからも頑張ろう。だから、もう一回ステージに立ってこい」

その言葉が僕の背中を押してくれた。たとえファンがいなくなったとしても、やり直そうと言ってくれる人がいる。ステージ上では僕の帰りを待ち、トークでファンを喜ばせようとしているメンバーがいる。この人たちに背を向けて、歌わないなんて選択ができるわけがなかった。

ステージに戻るとき、僕は「こんなクソみたいなライブしやがって」と言われることも覚悟していた。せっかく時間とお金をかけて楽しみに来たライブを、こんな状態で長時間止めてしまったのだから、責められたとしても仕方ない。だが、客席には先ほどとほぼ変わらない数のお客さんが僕の帰りを待ってくれていた。僕に浴びせられたのは「戻ってこいよ！」「ちゃんと治せよ！」という温かい声援。僕はなんとも言えない気持ちになった。優しさと、ふがいなさ、恥ずかしさ、感謝の気持ち。すべてが混ざった名前のない感情だ。それまでずっと、ファンとの間に信頼感を築けているのかという不安があったが、客席からの声のおかげで、待っていてくれる人がいるんだと感じることができた。こうして、僕たちは活動休止を決定することになった。

だが、この話には続きがある。僕はあの日から『自動販売機の男』を一度も歌っていない。今でもイントロを聴くだけで鳥肌が立ち、喉が渇いて、呼吸が浅くなる。うずくまった情けない姿が頭に浮かび、逃げたいと思った自分の映像が何度も流れはじめてしまう。この話をするのは、今回が初めて。時間はかかってしまったけど、やっとこの事実を言葉にすることができた。ほんの小さな一歩だが、いつかあの歌をみんなの前で披露するための確実な一歩だと思いたい。

2度目の声変わり

ポリープは歌っている人間の職業病のようなもの。もちろん喉に負担のかからないような歌い方を心がければ、そのリスクは格段に少なくなるが、自分の思うようにコントロールするのは難しい。それくらいよくあることだから、と聞かされても恐怖は拭《ぬぐ》えなかった。単純に喉を処置するということも怖かったが、それ以上に不安だったのは声が変わってしまうことだ。ポリープ切除手術を受けた知り合いに話を聞くと、声が出やすくなる代わりに声質が高くなるという。

僕は、自分の嫌いだった声を受け入れ、やっと自分の魅力だと認められるようになった。それなのに、また声が変わる？　治療を終えて、自分の声が思っていたものと違ったらどうする。子どもの頃の声変わりのように、今まで歌えていた曲が歌えなくなったらどうしたらいい。そんな不安が次々と浮かんできた。そうは言っても、治療をしなければまたZepp DiverCity Tokyoのときみたいにまともに歌えない日は必ずやってくる。どんなに不安でも、僕には手術するという選択しかなかった。

手術当日、意外と気持ちは落ち着いていた。もう平気なフリをしなくていい。ステロイドで肌荒れに悩まされることも、顔が腫れることもなくなる。1年間ごまかし続けてきた時間が終わると思ったら清々しい気持ちだった。

手術してしばらくは声を出すことを禁止されるのだが、声を出せないことがこんなにもストレスになるのかと驚いた。やっと声を出せるようになっても、最初のうちは思ったようには歌えない。手術の効果を実感できたのは、ボイトレを重ね、歌う感覚を取り戻した頃だった。以前の状態だと2日続けて歌うと、声がかれていると思うことがあったのに、手術後は気にならなくなった。今は、手術を受けて良かったと思っているし、あのとき不安に思っていた問題は小さなものだったと感じている。

自分の環境が変わるとき、人は不安を感じる。就職して環境が変わるときや、何か新しいことを始めるとき、いろいろな場面で悩み、足がすくんでしまうことがあると思う。だけど、その不安を抱きながら進んだ先にしか〝安心〟できる場所はない。怖がってもいい、足踏みしてもいい。そのあとで、前を向いて一歩踏み出す勇気を持つことができたら、きっと道は開けるはずだ。僕自身、歌が苦手で、言ってしまえば今でも苦手。人間力だってまだまだ足りてない。でも、どんなにダサくてもそういう部分を認めながら努力している人の方が絶対にカッコいいと思ってる。

怪物

僕の中には、自分を追い込んでくる《怪物》が住んでいる。僕がその存在を強く認識したのは『５１５０』という楽曲を生み出す少し前のことだった。何をしていても、自分のことを否定する考えが浮かんでくる。僕が「これで上手くいく」と思っても「どうせ失敗するよ」という声が頭の中で響き、その声はどんどん大きくなっていく。その声に自分が侵食されていくのを感じて、ものすごく怖かった。このまま、自分が乗っ取られてしまうんじゃないかと不安になり、その不安をかき消したくて僕は家の中で一人、狂っていった。部屋を荒らし、歌詞を破いて、やけになる。それでも、ネガティブな考えはあふれ続け、僕は頭がおかしくなりそうだった。

その声に惑わされ、僕は自分の作る曲に一切自信が持てなくなってしまった。僕は次第に心がすり減っていくのを感じた。人に認めてもらえないのは仕方がないと諦めもつくが、自分が納得できるものを生み出せないのは苦痛でしかない。なんとかして曲を作らなければ…そんな気持ちに支配され、僕はずっとパソコンの前に座り続けた。

そんな日々を過ごすうちに、だんだんとストレスは大きくなり、まわりの人間にも自分の感情をぶつけるようになった。誰かを責めることで安心したいと思っていたが、この行動はすべて逆効果。家に帰ってから「なんであんな言い方をしてしまったんだろう」と自己嫌悪に陥ってしまう。人を傷つけ、こんなに辛い思いをして曲を作るくらいなら、もう何もしたくないと思った。

それでも、自分の醜い姿から目を逸らし続けることは難しい。なぜなら、それもまた自分の一部であり、切り離すことなどできないのだから。そのことに気が付いてから、どれほど汚く醜い感情だろうと、リアルな姿や誰かに向かって放たれる思いをありのまま歌詞にしてみようとペンを握ることにした。それまでの僕は直接的な言葉で表現することを嫌い、感じたことをそのまま歌詞にするなんてナンセンスだと思っていた節がある。しかし、自分の気持ちをあえて装飾せずに吐き出していくことが突破口となったのだ。本当の自分はどんなことを考えて、何に傷ついているのか。まっすぐに見つめてみると、少しずつその形が言葉にできるようになっていった。

『5150』という曲に辛い気持ちを込めたとき、今まで乗り越えられなかった壁をやっと越えられたという実感がある。この作業を経験できたことで、僕は今でも当時の感情を『5150』の歌詞に全力で乗せられる。今でも、年に2回くらいの頻度で、あの怪物はやってくる。現れては僕をいつだって苦しめるけど、その戦いに勝利したとき僕はまた自分の成長を実感できるのだ。

本音

２０１７年６月。僕たちは、武道館ライブを控えていた。柳井さんからも目指すべき目標として掲げられていた場所だ。だけど、その武道館ライブに対する僕たちの意気込みと世の中の印象にギャップがあるんじゃないか、という気持ちを僕たちは持っていた。

その理由は、とあるアーティストが武道館でライブをすると告知したときに、「おめでとう！　やっとここまで来たね。お疲れ様！」というようなコメントが周囲の人から寄せられていたことだ。…お疲れ様？　なにかをやり切ったような扱いをされているることに、不安を覚えた。通常のライブ告知の際には聞く機会がほとんどない言葉。

僕たちは、武道館ライブをゴールにするつもりもなければ、それで満足するような人間でもない。僕たちのバンドがさらに大きくなるためのただの通過点という認識だった。だから、ファンの人にもいつも通りのライブだと思ってほしくて、僕らはＣＤショップのフライヤーで武道館ライブの告知をすることにしたのだ。

しかし、この感覚のズレはそう簡単には埋まらない。案の定と言うべきか、SNSには「拓也の口からその報告を聞きたかった」、「なんでそんな大切なことをきちんとした形で公開してくれないのか」というコメントが書き込まれ、ファンが武道館という場所に特別な思いを抱えていることはまっすぐに僕らへと伝わった。

武道館という大きな舞台を喜びたいというファンと、いつも通りのライブだと思ってほしい僕たち。その溝を埋めるために、僕ができることはライブできちんと自分の思いを言葉にすること、そしてファンの声を直接聞くこと。それだけだった。

「お前らにとって武道館とはなんぞや？」

僕はライブ中のMCで集まったファンに問いかけた。

「ライブハウス」

「通過点」

「やってほしくない場所」

「サードステージ」

それぞれの思いが、言葉となって繋がった。

あぁ、そうか。僕が見ていたSNS上の言葉もたったひとつの意見で、全員がゴールだと思っていたわけじゃない。ちゃんと僕たちが思っていたように途中だと思ってくれている人もいる。そうかと思えば武道館ライブに反対する人までいる。

僕たちが、一歩動くだけで、こんなにもたくさんの意見が飛び出すんだなと嬉しく思った。正しく相手のことを理解したいと思うなら、言葉を交わさなければ分からないことがある。その事実を僕は痛感した。もし、ファンの言葉を聞かなかったら全員が武道館ライブを特別なものだと思っているという認識になっていたかもしれない。

そして、嬉しさと同時に、気が付いたことがもうひとつある。それは全員を幸せにすることはできないということだ。これまでの僕たちは、辛い思いをしている人がいれば救いたいと思っていたし、救えるはずだと思っていた。僕たちのことを嫌いだと思っている人のところまで行って、自分たちのことを認めてもらおうと思うこともあった。そうやって、良くも悪くも自分たちに関わった人のことを全員幸せにできるはずだと思い込んでいたのだ。だけど、それは幸せの押し売りでしかない。本当の意味で自分が幸せにできる人の数はそんなに多くない、ということに気付かされた。

このとき、僕たちの行動を見てファンをやめようと思った人もいただろう。実際、見切りをつけた人もいるはずだ。だけど、それも仕方がない。そういう人たちの後ろ姿を追いかけて、僕たちのことを理解してもらう必要はないのだ。自分たちの意志を貫こうとすれば、誰かが傷つき泣くことになる。それはもう避けられない。

この感覚は、年月を重ねれば重ねるほど強くなっている。武道館ライブに対しての気持ちをみんなに聞いたときのように、バンドに対しての思い入れも人それぞれだ。たとえファンであっても僕に幸せにしてほしいと願う人ばかりではないし、名前を聞いたことがあるくらいの熱量の人にとって僕は『THE ORAL CIGARETTES』のうちの一人でしかない。そういう人たちもひっくるめて、関わってくれた人を全員幸せにするなんておこがましい話だ。

僕は、そういう感情に右往左往して、自分のやりたいことを我慢したり諦めたりするような選択は絶対にしたくない。僕が音楽で伝えたいのは、自分の生き様であり、人間性だ。自分の生き様を感じ取ってもらって、誰かにとっての光になること。それが、僕たちのすべきことだ。そして、そんな僕たちを心から応援してくれて、共感してくれる人だけを幸せにしたいと考えている。

そこと戦ってる場合じゃないでしょ

今から数年前、バンドの雰囲気が険悪になっていた時期がある。僕は、結成当初から作詞・作曲を担当しているということもあり、基本的に練習とアレンジに関してはそれぞれ準備をしてほしいという思いがあった。

だが、ある日のこと。メンバーにアレンジ案を聞いたところ、なにひとつ出てこない、ということがあった。僕はイライラして、「今から3人で考えて、俺が戻ってくるまでにちゃんとした案を出せ」と言い残してスタジオを後にした。1時間が経過した頃。そろそろ話し合いも進んだだろうと思い、3人の元へ戻るとシゲとあきらが大ゲンカしている。

「案を出せって言ったのに、お前らなんでケンカしてんねん!!」

「シゲが俺の提案を全部否定してくるから…」

「俺、正直あきらのこと結成したときから合わないと思ってたんよな」

「そんなん今言うことちゃうやろ。ええからアレンジせぇ!!」

雰囲気が悪くなったきっかけは、そんな些細なこと。この一件があってから、それぞれがやりたいことを勝手に主張するだけの時間が増えていった。

バンドのためを思って自発的に案を出すことは良いことだ。だが、自分のことだけを考え、意見が通らないと攻撃し、相手の提案を受け入れることができなくなってしまったら、先は見えている。


結成当初から、僕たちはそれぞれにファンが付くような人間性、そしてキャラクターを持っているという自負があった。シゲは男前だし、あきらは明るくて親しみやすい、まさやんは男でもカッコいいと思うくらいにストイックさがにじみ出ている。フェスに出れば、それぞれに固定のファンが付いていたし、ついてきてくれたファンの数が多かったのも彼らの魅力のおかげだ。ライブでの振る舞いも自分なりの色を出せるように考え、工夫してくれていた。

そして、僕自身も人前に出ることへのこだわりは強かった。バンドのヴォーカルはメンバーを引っ張って進んでいくという強いイメージがあり、その姿に近づこうとしていたのだ。

この方法が僕たちのバンドをステップアップさせてくれた時期があるのは間違いない。ただ、その考えに傾倒しいつの間にかまわりが見えなくなってしまった…というわけだ。こうして、僕たちは「他のメンバーよりも目立つ」ということに執着していった。だが、身内で足の引っ張り合いをしているバンドが、いい方向へ進んでいけるわけがない。バンドとしての形が崩れ、互いに信用できない時間が流れていった。ライブ前でも一言も交わさない。まさに冷戦状態だった。

これからのバンド活動について悩んだ僕は、事務所の現場マネージャーである杉渕さん（以下ぶっち）に相談することにした。彼女は、今でも僕たちの担当で、もうかれこれ6年の付き合いになる。

「俺らのバンド、最近潰し合いみたいになってるやん？　客観的に見た感じを教えてほしいんやけど、他のメンバーに比べて俺劣ってない？」

「拓也くん。一体なに言ってるの？　あなたは誰がどう見てもオーラルのフロントマンなんだから、そこと戦ってる場合じゃないでしょ」

その言葉を聞いたときに、僕はハッとした。ぶっちの言う通りだ。メンバー内で誰が一番なのかを決めてどうする？　結局、一人が勝ったところで他の3人は負けるのだ。それがバンドとしての活動にプラスになるわけがない。自分はもっと上を見続けなければいけない。超えなきゃいけない相手が山ほどいる。そのことに気付かせてくれた言葉だった。

ちょうど同じタイミングで、あきらがメンバーを全員呼び出し、話し合いの場を持つことを提案してくれた。そこで、僕たちはそれまで抱えていた不満や疑問をお互いにぶつけることができた。バンドにとってマイナスになるようなことは全員が気を付けようとか、思いやりは忘れないようにしようとか、至極当然の話ばかりだったが、バンドの雰囲気はこの話し合い以降格段に良くなっていった。

個人が目立とうとしているときにはあんなに衝突し合っていたのに、他のバンドよりも上にいけるようになろうという別の目標ができた途端に、バンドの結束力は高まっていく。誰かから提案があったときも、まずは一通り話を聞く。そして、どうしたらもっと効果的に表現できるかを全員で考えるようになっていった。

どれだけ近くにいても、どれだけ同じ時間を過ごしてみても、言葉にしなければ伝わらない思いもある。そして、なにより自分の間違いに気が付くためにも第三者との会話は必要だ。もし、あのときぶっちに相談しなかったらあのまま僕らは潰れていったかもしれない。あきらがメンバーを集めて、腹を割って話そうと提案してくれなければ、ピリピリとした空気はいつまでも抜けなかっただろう。関係が悪くなったあとに歩み寄るのは怖いけど、僕はあのままの状態じゃなくて良かったと今になって思う。

0（ゼロ）

僕の人生は、人と繋がり広がっている。幼少期も、音楽と触れ合うようになってからも、そしてメジャーデビューしてからも。そして僕は、デビューして2年目ぐらいのタイミングで、音楽的に秀でた同い年の男と出会った。その男の名は、米津玄師《よねづけんし》。共通の知人からの紹介で知り合ったのだが、当時から彼の音楽性はずば抜けていた。独特なメロディーライン、言葉の選び方、創造力…どこを取っても個性が光っている。

当時の僕は、自分に何があるのかをまだ探している途中だった。正直、彼のように音楽的に秀でたものを持っている人間を羨ましいと思っていたし、自分が頑張ったところで追いつけるか疑問すら感じていた。バンドとして戦うステージが上がっても、まわりを見ればそれ以上の強者《つわもの》だらけ。

そういう人と自分を比べては、自己嫌悪に陥ってしまう。時間のあった大学時代を、音楽の勉強に充てていたら、もっと自信の持てる武器が手に入れられたのだろうか。結局、自分にはなんの価値もないんじゃないかと思い、これまで生きてきた人生を否定するようになっていた。

初対面で浴びるように酒を飲んだ僕は、抱えている不安や羨望を彼にぶつけた。

「俺はキミみたいな特別な人を見ているとイライラする。自分がなにもできていないって劣等感が襲ってくるし、実際俺にはなにもないから見ているだけですごく悲しくなる。今までの人生ずっとそうやった」

こんなことを言っても仕方ない。誰かがなんとかしてくれるわけではない。そう思ってはいたが、口から出る言葉は止まらなかった。

「大学時代もクズみたいな生活しかしてなかったし、音楽のことを専門的に勉強してる人には敵わん。あの頃、もっと音楽に対して真剣に興味を持っていたら、今よりもいい曲を作れていたのかもしれん。もっと言えば、子どもの頃に親の敷いたレールからはみ出ていれば、俺にも自分の武器だと思えるものが手に入っていたのかも。もう俺、自分の人生に後悔しかないわ」

僕がマシンガンのように話したあとで、彼は静かに言葉を紡いだ。

「0（ゼロ）が一番強くない？　自分にはなにもないと思っている人間や、他人よりも劣っているっていう感情ほど強いものはないよ。そういう人間のことを俺は最強だと思っているけどね」

彼は、何を言っているんだ？　理解が追いついていない僕を手助けするように言葉を続ける。

「天才って才能がある人のことでしょ。でも才能は有限だから、吸収できないことも多い。だけど、常に人より足りないと思って、スポンジのように吸収するお前はどんどん成長していけるよ。変なこだわりもないだろうし、自分の形を柔軟に変えていける。そうやって変化した結果、とんでもない化け物になる可能性しか感じない」

彼の目を見れば、本気でそう思っていることが分かる。簡単に「お前には才能あるよ」と受け流すこともできただろうが、彼は真剣に僕の悩みに向き合い、自分の気持ちを言葉にして届けてくれた。僕の不満に光を当ててくれた彼に、僕は感謝している。

このタイミングから、僕はゼロという武器を手に入れた。どれほど汚い感情だって、120%自分というスポンジに吸収させていけば成長へと繋がっていく。悲観的になってしまうことはマイナスだと思われがちだけど、それが強さに繋がるなら、今までの人生は無駄じゃないはずだ。辛い経験を後悔して終わるんじゃなくて、そこから這い上がるような力に変えたい。

彼の言葉を聞いたとき、自分が救われる感覚のほかに、もうひとつ感じたことがある。それは、自分が羨ましいと思っていることは、その人にとってそんなに良いものではないのかもしれないということだ。おそらく、どのフェーズに進んだとしてもみんな同じように悩んでいる。僕の低い声が好きだと言ってくれる人がいても、僕にとっては長年コンプレックスでしかなかったように、僕の羨んでいる才能に苦しんでいる人もいるのかもしれない。この一連の流れをきっかけに、米津とは一緒に旅行に出かけるくらい気心の知れた友になった。

ここまで読んでくださった人には伝わっていると思うが、僕は決して強い人間ではない。過去を振り返ってみると、弱いからこそ生まれた楽曲ばかりだ。僕の世の中に対する不満、自分に対してのコンプレックス、そういうものが歌に反映されている。弱さを隠すことなく吐いた言葉で、この場所まで来ることができた。

「ロックは弱い人間が鳴らす音楽」

何度もライブで伝えてきた言葉だ。僕たちは、弱くても前に進む。その姿を見て、あなたの世界が少しでも変わってくれたらと思っている。

僕の汚い部分に光を当ててくれるのは、いつだってそばにいる誰かだった。だから、今度は僕があなたに光を届けたい。僕の放つ光は、太陽のように人を温めたり、笑顔にすることはできないかもしれない。だけど、僕が今までもらった光を、僕なりに届けていくことはできる。

あなたが生きている暗い世界を照らす光となりますように。

暗い道であなたが一人取り残されませんように。

ナルシスト

世間的には、あまり良い意味では使われないナルシストという言葉。自己愛が強く、まわりのことなんて考えない、ただカッコつけたいだけの人間。そういうイメージを持っている人が多いだろう。しかし、本当にそうだろうか。あくまでも僕の中でのイメージだが、ナルシストには自分のことを客観的に捉えられる人間といった印象がある。鏡を見て自分の髪や表情を気にするのも、裏を返せば自分自身を客観的に見ようとする行為ではないか？

僕は、バンドを組みはじめてからずっと自分がどんなふうに見えているのかを意識してきた。ファッションについては少し前にも書いているが、それ以外にも目線の送り方や、身のこなし、指先、歌い方、言葉のチョイスをどうするかまで考えている。僕たちは、人に見られる以上に、自分で自分のことを見なければいけないのだ。

自分のことを見るというのは、単純に自己愛が強いということではない。自分の嫌いなところ、コンプレックス、汚い願望…そのすべてと向き合わなければならないのだ。自分のカッコいいところだけを探せたらどれだけ楽だろう。ナルシストだと言われる人だって、おそらく自分の嫌なところを見つめ、受け入れていくという苦しい道を通っているはず。

そして、僕のように人前に出て仕事をする人間は、この程度のことは必ずと言っていいほど経験している。むしろ、客観的に自分のことを見る能力が低い人は、この業界で生き残っていけないだろう。これは外見だけの話ではなく、内面や戦略とも大きく関わってくる話だ。自分たちの売り出し方、強みになる武器、他人との違いなど、タームごとに自分たちのブランディングを考えなければすぐに飽きられて終わってしまう。

この客観性は、なにも僕たちのような仕事をしている人だけに備わった能力ではない。僕は、多かれ少なかれ誰でもこの客観性を持って生きていると思う。例えば、仕事をしていて「この仕事のやり方を見たら上司はどう思うか」を考えることも、立派な客観性だ。人の気持ちを想像し、自分はどのように振る舞ったらいいのかを決めることは、誰もが日常生活でやっていることではないだろうか。

こうして、ひとつの物事に、いろんな角度から光を当てていくと、世界は自分が思っているよりも色彩が豊かだということに気が付く。頭の中で正しいと思っていることや、嫌いなものと丁寧に向き合ってみると、新たな発見があるかもしれない。

安心に縛られて

生活の中にルーティーンが存在している人は意外と多い。僕もかつてはそうだった。ある時期、僕は気管支炎に悩まされていた。風のうわさで気管支炎にはコーヒーを飲むと良いらしいという話を聞き、即実践。効果は抜群。これは手放せないな、と思った。こうして、ライブ前には必ずコーヒーを飲むことをルーティーン化したのだ。これによる安心感は素晴らしかった。これさえあれば大丈夫と思えるだけで、いつもよりのびのびと歌うことができるのだから。しかし、ある日のライブ前、いつものようにコーヒーを飲もうとしたのだがいくら探しても見当たらない。

「(どうすんだよ…。このままステージに立つなんて無理や)」

探すのに時間を費やしたせいで、買い出しにも行けずついにそのままステージに上がることになってしまった。いつもしていることができないだけでこんなにも不安になるのか…と思ったとき、ふとある考えが僕の中に湧いてきた。

確かに、コーヒーを飲んだら歌いやすくなるという実感はあるけれど、インディーズのときにはコーヒーを飲む習慣はなかった。喉の調子が悪いなと思うときも、ライブをやり切っていたではないか。僕は、安心を手に入れた代わりに、いつの間にかその安心に縛られて生きていた。自分の中に「コーヒーを飲むのが当たり前」という価値観が芽生えたときそこからはみ出すのが怖くなってしまう……〝普通〟とは恐ろしいものだ。

僕は、この経験をライブにも生かすことを考えた。何度経験しても、ライブというものは緊張するものだ。ライブ用の衣装に袖を通すだけで、グッと自分の中で緊張が高まる実感がある。そこで、僕は普段からいつも通りのパフォーマンスができるように、ステージ衣装を普段着に近いものにすることにした。ライブ会場で着ても見劣りしないような服装を日常に取り入れ、ライブと地続きにある毎日を過ごそうと思ったのだ。

必要以上に緊張しないことで、僕の心はかなり楽になった。緊張することで自分の意識を高める効果があるのはもちろん分かっている。しかし、必要のない緊張や負荷を自分にかけて、良いパフォーマンスができないなら、それは考え直してもいいのではないか。世の中を見まわしてみると、意外と自分の決めたルールに縛られて動けなくなっている人が多いような気がする。一度、本当にそのルールは自分のためになっているのかを、見直してみてほしい。そうやって変わる世界を僕は見てきたから。

通過儀礼

僕の生活は、オーラルを中心に回っている。これはスケジュールだけの話ではない。例えば、少し休憩しようと思いながら映画を観れば「この演出すごくいいな」とか「このセリフの意味を歌詞に落とし込むならどうなる?」といったことをすぐに考える思考回路ができあがっているのだ。もう映画も本も純粋に興味だけでは見ることができない。日常のいたるところに自分の関心を引くものが転がりすぎていて、僕の頭の中には、休むことなく情報が詰め込まれていく。

こうして吸収したものを、ライブや、MCでどのように表現しようかと悩んでいると、僕はいつの間にか泥のような不安に飲み込まれている。

「(自分の生き様をMCで語るのに、こんなに気持ちがブレてて大丈夫か?)」

「(人生懸けてオーラルのこと考えてんのに、なにも思い浮かばないんか)」

ライブが迫ってきているときの僕は大体こんな感じだ。自分を責め、追い込み、傷つけながら、なんとか形にしている。この思考は、ライブだけでなく、新曲を生み出すときにも、アルバムを出すときにもついてまわる。つまり、一年中ずっと音楽のことに悩み、苦しい時間を過ごしている。僕は音楽が好きなはずなのに、気が付けばずっと辛い毎日だ。本当に苦しみを忘れられるのは良いライブが終わった後の30分だけ。そのあとは、また次のライブでなにをするかを考えなければいけない。

それでも、僕は歌うことをやめられない。落ちて、落ちて、落ちた先にレベルアップするためのチャンスがあることを知っているから。どん底まで自分を突き落とすと、ある瞬間光が見えることがある。MCでなにを話すか決まっていないままステージにあがったときのことだ。マイクを持った瞬間、思いが言葉としてあふれてきたことがある。僕はあのとき、今までの自分とは違う境地に行けたような気がした。悩む時間は死ぬほど辛いけど、僕はその時間を絶対に無駄にしない。

僕は器用な人間ではないし、どちらかというと不器用な人間だ。抜けてる部分や、上手くできないこともたくさんある。でも、だからこそ僕は生活の中にアンテナを張るし、なにを仕掛けてやろうかと常に考えるようにしている。不器用な人間だということを認めるためには、捨てなければいけないプライドもあって、それは簡単なことじゃない。でも、自分にできることとできないことを認めなければ、なにをやればいいかも見つからない。好きなことをするときに「なにをしたらいいのか分からない」という人は、自分がどんな人間なのかを知ることで、きっと答えに近づけるはずだ。

tonight
the
silence
with
kill

Sep 14th, 2019
PARASITE
DEJAVU

山中拓也と言う人間に出会ったのは僕がまだ別のバンドで活動していた頃で、当時の拓也は関西に沢山居る可愛い後輩のひとりという認識でした。

その中で色々と対バンしたり、打ち上げで話していく中で拓也の探究心は当時から目を惹いていましたし、周りからとても慕われ、人を惹きつける魅力をたくさん持ち合わせていた印象でした。

でも、その側面ではボーカリストとしての不安や悩み、自分に対するコンプレックス等に人知れず苦しんでいたり、少し頼りなさを感じる時もありました。しかし、今の拓也を

中西雅哉（Dr）

近くで見ていると改めて凄いボーカリストになったなと驚きます。本人はまだまだ納得なんてしていないだろうし今も尚、不安や悩み、プレッシャーと戦っているのも凄く垣間見えるから、これからも進化していくんだろうなとワクワクしています。

努力に努力を積み重ねてここまできた山中拓也が自由に、そして輝かしくアーティストとして歩み続けていく背中をこれからも見守り続けたいと思います。

5! 急に儚くなって
1! 人がうんざりだって
5! 消えてなくなりゃいいって
0! 思うことすら怖くて

あとどれくらいの道が
待っていたとしても
このまま諦めはしないよ
あとどれくらいの人が
待っていたとしても
その手は離さないから
果てしない闇を壊して
5150

叶えたい想いは
あなたが歌えばいい
誰にも止められやしないよ
数え切れないほど
抱えた運命の
与えた最高地点は
独りで拓けよこの手で
5150

作詞・作曲：山中拓也

5150

あとどれくらいの道が
待っていたとしても
このまま諦めはしないよ
自分のことさえわからない
5150

探し求めた答えはもう無くて
強さをかぶり弱さを抑えていた
期待や愛しさが形を変えてさ
独りこの夜は辛いよ

あとどれくらいの道が
待っていたとしても
このまま諦めはしないよ
あとどれくらいの人が
待っていたとしても
その手は離さないから
自分のことさえわからない
5150

第4章

未来をつくる輪廻

上手くやろうは心の荒みへ

僕たちのバンド『THE ORAL CIGARETTES』は元々売れることを目的に作られたバンドだ。前の章でも書いたが、僕たちのバンドは音楽の才能が30%しかなくても、売れるための戦略を考えることに70%の熱意を込めて戦っていく。だから、多少自分たちのやりたいこととは違っていても、売れるためということを理解してメンバー全員が動いていた。例えば、自分たちの好みを優先するのではなくフェスで盛り上がってもらうために四つ打ちの楽曲を作ったり、アッパーチューンを取り入れたりしたことがそれに当たる。もっと言うと、フェスで他のバンドにビッグマウスで嚙みついていくこともそのひとつだ。「こうすれば売れる」「上手くやろう」という考え方は、あの頃の僕らにとって原動力になっていた。

結成当初から、僕たちは2年後の目標を立て、そこに向かってただひたすらに走り続けた。思い通りにいくことばかりではなかったが、仲間と同じ目標を確認しあうことで、集中を切らさずにここまでこれたのだと思っている。実際、人に向かって自分の夢を言葉として残すことは、夢を叶える力になる。自分へプレッシャーをかけることで、実現しようという意志が強くなるのだ。

こんな書き方をしたら、打算的だ、ビジネスライクだとがっかりする人もいるだろうか。しかし、事実なのだから仕方ない。なぜ、企業的なバンドを目指したのかについても説明しよう。理由は実にシンプル。メンバーを路頭に迷わせるわけにはいかなかったからだ。

僕自身は、やりたいバンドのために銀行に推薦で就職できたのを勝手に蹴ったのだから、どうなったっていい。でも、メンバーは僕のわがままについてきただけだ。あのとき、僕に誘われなかったらバンドをやっていなかったかもしれない。

特にシゲは神戸大学、あきらは京都大学に通っていた。そのまま進めばエリートコースを歩んでいただろう。何年も売れずに、「あのとき別の道を選んでおけばよかった」なんて思わせるわけにはいかなかった。大学を出て安定した道を進んだ人たちよりもいい景色を見せてやらないと、大学や就職を蹴った意味がないのだ。まさやんのことにしてもそうだ。僕の大病をきっかけにズルズルと引き込んでしまったが、もしかしたら自分の居場所を探す時間が欲しかったかもしれない。だから、僕は売れることを意識したバンドとして活動することにしたのだ。音楽は良いのに売れていないバンドも世の中にはたくさんある。僕たちよりも音楽のセンスがあったとしても、それだけでは知名度は上がらない。悲しいことだが、センスだけではどうにもならないことがあるのだ。

だが、このやり方が上手く機能したのもデビュー2年目まで。とはいえ、今振り返っても序盤でビジネスを意識したバンドモデルを作ったことは間違っていなかったと思う。インディーズからメジャーというステージに上がるためには必要なものだという感覚は確かにあるのだ。それに、こういった方法は、名前の知れたバンドは多かれ少なかれ意識していることだったのだ。アリーナツアーを経験して、もっと有名になりたいと思ったとき、自分のまわりにいるバンドを見渡したら、僕たちの考えていることなんか当たり前にやっている。自分たちが戦うために手にした武器は、メジャーで活躍している人はみんな持っている。

作品で勝負する人、人間性を表現していく人、様々な人がいる中で、僕たちも埋もれないように努力しなければならない。当時の僕たちは2年先の未来しか見ていなかったが、すごいバンドはもっと先の未来を見ている。3手も4手も先を読み、その時々に合ったブランディングを展開していると知って、考えを改めることにしたのだ。

「上手くやろう」と思っていたときには、それ自体が目標のようになっていて、自分たちのバンドになにが必要かを考えるときに答えが出せていた。しかし、自分たちはこのままではいけないんだと思った瞬間に、僕はバンドのために必要なことがなんなのか考え込むようになってしまった。売れるためということを考えない、本当の自分ってどんな存在だった？　自問自答しても複雑な迷路に迷い込んでいくだけで、一向に答えは出ない。そのうちに、感情の振り幅がなくなっていって、自分が意思を持たないロボットのように感じられた。

そんなとき、自分の助けになったのは過去を振り返ったこと。自分の人生を見直したとき、そこにはたくさんの思い出とともに、関わってくれた人の姿が感じられたのだ。僕が小さいときに心惹かれたものはなんだったか、精神的に安心できたあの宝物みたいな時間はどうやって生まれていたのか、その感覚をファンとの間に作るためには一体どうしたらいいのか。そういうことを考えはじめてからやっと僕の心は軽くなった。僕たちはゆっくりと、でも確実に目標に向けて照準を合わせてきた。だから、負けるわけにはいかない。ただひたすらに自分の思うその答えを発信し続けるしかないのだ。一回死にかけたあの恐怖に比べたら、こんな苦しみは屁でもない。もし、僕たちの言葉を受け取って、悩んでいることの助けや解決の糸口になることがあれば、僕はそれだけで嬉しい。

夢遊

1年ほど前のある日。ライブの前日、会場近くのホテルに泊まったときに、突然意識が飛んで、僕は不思議な夢を見た。

自分の生きてきた過去の映像がポジフィルムのように流れている。

現在の自分たちの様子、ほんの何日か前にあった出来事が映像として流れている。

その隣で、まだ見たことのない映像だが、僕と仲間が一緒にいる場面が流れている。

この3つの絵がバラバラに動いていたかと思うと、突然停止する。まるでスロットマシーンのように。揃った画は3枚とも同じ映像。しばらくその様子を眺めていると、またグルグルと回転しはじめ、同じ画が現れたところで止まる。…そんな意味の分からない夢だった。

目を覚ました僕は、怖くなった。その夢を見るまでは、僕は自分の意思で生きているのだと当たり前のように思っていた。いや、そんなことを自覚する隙がないくらい当然のこととして受け取っていた。だけど、この夢を見て自分は誰かに生かされているんじゃないか?と思うようになったのだ。

それから僕は、過去と現在、未来がすべて重なるように同じ映像を示していたことに、どのような意味があるのかを自分なりに解釈してみることにした。思い返せば、20歳のときに患った原因不明の大病で、奇跡的に助かったと思っていたが、あれも実は助かるべくして助かったのだろうか。医者から「このままだと危ない」と言われ、もう助からないと思った病気がある日突然快方へと向かっていく。あれは、奇跡という名の必然じゃないだろうか。

ほかにも、ひとつずつ自分の過去を紐解いていくと、人との出会いや別れで、必然だったんじゃないかと思えるタイミングもたくさんある。この本に書いてきたことだけじゃない。もっとたくさんの人との出会いが、まるで何かに導かれているかのように感じた。自分が信じられないほど落ち込んでいるときに声をかけてくれる人、このままだとバンドを続けられないかもしれないと思ったときに降ってきたチャンス、普通ならグランプリが取れるわけがない態度を取って逆転したこと。

今まで、普通という価値観や、できるわけないという声を打ち破ってきたと思っていた。でも、それすらも予定調和なのかもしれない。元々、僕たちは生まれたときになにかしらの使命を与えられているとしたら…？　その使命を達成するために今の世の中を生きているのだとしたら…？　一体僕の使命とはなんだろうか。

僕がこの世でやらなければいけない使命は、明確には分からない。でも、いつも自分の内に湧いてくるのは音楽の悩みであり、僕が力を注げるものはこれしかない。だから、今僕は一生懸命音楽と向き合い、生きている。

たまに、「自分には生きている価値がない」なんてコメントをＳＮＳで見かけることがある。少し乱暴かもしれないが、僕が言えることは、生きる意味はあなた自身の人生を歩むことで明確になっていくということだ。ただ、目の前にある自分ができそうなことに力を尽くせばそれでいい。おそらくあなたも僕も、その目の前の課題を達成するためだけに生かされているのだろうから。あなたが今苦しんでいるとしても、それはあなたが生まれたときからおそらく決まっていたもので、あなたがどう行動しても避けられない苦しみというのはあると思う。

自分の使命は目の前のことから逃げずに向き合った人間にしか見えてこない。その使命がなんとなくでも分かると、生きることを肯定的に考えられるようになるもので、それまで僕は「自分の生きている意味はなんだろう」と考えてみても、答えなんか出なかったけれど、あの大病で助かったのは、生きる理由があったからなんじゃないかと思えるようになってからは、その心もとない感覚は和らいでいる。

僕は、この夢を見たときに自分が行きつく先の映像も見てしまった。だが、そんな話をしたところで、誰も信じてくれるわけがない。そう思ってはいたものの、自分一人で抱えるには重すぎて、つい友だちに夢の話をしてしまったのだ。そのとき、友だちが言った言葉に僕は驚いた。

「俺たちは、生きてるっていうより生かされてるから」

「そういう夢、見ることあるよな」

僕の人生観を変えたこの夢の類は、みんな人生のどこかのタイミングで現れているらしい。こうなってくるとますます怖くなってくる。

だが、僕はこの話を聞いて恐怖とは別に安心感も手に入れることができた。すべてが決まっていることなら、どれだけ辛いことを経験してもそれは必然。自分がどんな選択をしたとしても、困難はやってくるというなら、ただひたすら我慢の時期を過ごせばいい。そんな諦めの心は、僕を生きやすくしてくれた。

あなたは一生苦しむ人間だよ

同じバンドの中にいても、音楽に対する感覚がまったく違うことがある。ある日のライブで、僕は良いライブができなかったと、自分自身にイライラしていた。

「（あんなに時間をかけて考えたのに、今日のライブは全然あかんかった…。）」

落ち込んでいる僕に、メンバーからは温度差のある言葉がかけられる。

「拓也！　今日のライブも最高やったな！」

「思ってた通りにできたんちゃう？」

僕は驚いた。人によってこんなに受け取り方が違うものだろうか。今まで一緒にやってきたのに、ライブの良し悪しという大切な部分すら、僕は共有できなくなってしまったのだろうか。そう思い、僕の気持ちはさらに沈んでいった。

ライブ会場を後にして、あきらと二人でタクシーに乗り込んだが、車内では静かな沈黙が流れていた。僕の様子を気にしてか、あきらが声をかける。

「拓也どうしたん？」

「今日のライブ、俺はマジでクソだと思った」

「え、そうなの⁉」

「みんなが楽屋で『今日のライブ良かったな』って言ってるの訳分からんかったし」

「拓也が今日のライブに対して微妙やって思ってる要素を俺らは感じられなかったよ。なにがそんなに気になったん？　ちょっと自分のこと追い込みすぎちゃう？」

「俺はそんなことないと思うけどな」

「拓也さ、苦しんでないときなくない？　楽になる瞬間とかあるん？」

「楽になったつもりでいることはあるけど……」

「俺は拓也が楽になってるときを見たことないよ」

「あきらは、どうしたら俺がもっと肩の力を抜いて生きられると思う？」

タクシーが速度を落として、目的地付近に停止した。このままなにも答えのないまま悩み続けるんだろうか。心の中で少し寂しさを感じながらも、あきらが降りる準備をしているのを眺めていた。そして、あきらは降りる直前、僕に向かってこう言った。

「拓也が楽になれる瞬間は多分ないと思う。お前は一生苦しむ人間やと思うで？」

自分の中で、ひとつの諦めが見えた瞬間だった。諦めといっても、マイナスの意味じゃない。今まで不安に感じていたことが腑に落ちるような感覚だった。

苦しんでいるときや悩んでいるとき、なんで僕だけがこんなに苦しい思いをして悩まないといけないんだとずっと思ってきた。他のメンバーがライブ終わりに「最高やったな！」って言ってるように、僕だって思いたい。「僕は音楽がやれて幸せです！」って言えたらどんなに気持ちいいだろう。だけど、無理なんだ。幸せよりも、辛い気持ちを感じることの方が圧倒的に多く、長いのだから。

ステージ上の自分と日常の自分が同調した結果、ステージ上の僕を批判されると信じられないくらいに落ち込むこともある。「ステージ上の山中拓也は別物だからさ」と言えたら、こんなに傷つかないのかもしれない。実際、ステージ上の自分と日常生活の自分を切り離すことで精神を保っている人が、羨ましく見えることもあった。

あきらの言うように、僕は一生苦しむ人間なのだとしたら、幸せを感じられないことに不満を持っても仕方がない。そう思うことができた。どうせなにも変わらないなら、僕は一生苦しんでもがきながら生きていく。そうやってもがいているうちに、良いものが生まれたり誰かを救うことに繋がっていくなら、それでいいじゃないか。僕はこうして、苦しみから抜け出すことを諦めた。

このあきらの一言があってから、まわりの人からも同じようなことを言われることが増えた。

「なんで自分が苦しくなるって分かってるのに、やろうとするの？」

「もっと楽に生きたらいいのに」

あきらだけじゃなくて、きっと僕の近くにいる人には、僕があらゆる責任を背負い込んでいるように見えているのかもしれない。だが、何かを行動に移すとき責任が生じないことなんてあるだろうか。責任感のない人間に、新しいことは任されないしそんな人の言うことを誰が聞くだろう。自分の言葉を発信する人間として、僕は責任を捨てることなどできないのだ。その責任感ゆえの苦しみならば、僕にはもう逃げる術はない。

人生において、苦しみや絶望が与えてくれる力は大きい。この世の終わりかと思えるような絶望、人間の汚さに気が付くと、人間はこんなにも弱かったのかということにも気が付く。弱い部分が見えれば、隠したいと思うのは人間の性《さが》。しかし、どんなに他人に気付かれないようにきれいに振る舞ってみせても、自分のことだけは騙せない。程度の差こそあれ、結局僕たちは自分の弱い部分と向き合って生きていかなければいけないのだ。

不協和音

ＳＮＳが身近になって、人を批判することが容易になった。ＳＮＳでの誹謗中傷がきっかけとなって、亡くなった人もいる。もちろん、そういう力に自分たちが乗っかって、情報を届けていることも理解している。ＳＮＳがあるからこそ、より多くの人に知ってもらう機会は増えたし、繋がる絆も増えた。

僕個人としては、人を批判する内容を書くことを全否定するつもりはない。ただ、物事には伝え方や言い回しというものがあって、それを意識すべきとは思う。人を不快な気持ちにさせてまで発信することなのかも、その都度考えた方が良いだろう。人を傷つけてでも言いたいことがあるのなら、それは覚悟を持ってするべきだ。人を傷つけるとき、自分も人から傷つけられるリスクがあることは忘れてはいけない。

ＳＮＳの危険性について話すとき、多くの人は「自分が傷つけられたら…」という視点でしか語らない。だが、傷つけられる人がいる以上、傷つける人も同じ数だけいるはずだ。これだけ、ＳＮＳとの距離感について語られている世の中で、今度は自分が傷つけてしまう可能性についても考えてみていいのではないかと思うのだ。

僕も、若い頃はSNSで発信して良いことと悪いことの区別が上手にできていなかった。そのせいで誤解を生んだり、炎上したことがある。だけどこの現象は、SNSを使う人には誰にでも起こりえることだ。最近になって、ある程度SNSに上げる情報には気を遣うようになったが、それでも間違ってしまうことはあるかもしれない。

僕たちは簡単に人を傷つけられる。悪意がなくても、相手を思った言葉でも。

「傷つくくらいなら見なければいい」

「そんなことで傷つくなんて弱い人間だ」

その人を知らなければ、なんだって言える。どんなふうにも責められる。でも、SNSを使う僕たちは相手のことをなにも知らないという事実を忘れてはいけない。

僕がSNSに送られてくるDMに対して気軽に返信しないのもこれが理由だ。僕には、その人がどんな環境で生きているのか分からない。一口に「いじめられて悩んでいます」と言っても、どんないじめなのか、まわりの環境はどうなっているのか、立ち向かいたいのか。いろんな条件で答えは変わるだろう。僕は、その悩みに返信することはできないけど、悩みを知ることで、ファンにできることはなにかと考えるきっかけになった。どうしたらその悩みに寄り添えるのか、どんな言葉を並べたら、あなたは自分らしい一歩を踏み出せるのか。そんな気持ちを歌に込めて、曲を作っている。

愛を叫ぶ

僕は、日本人が好きだ。人の気持ちを察することができて、協調性もある。恥ずかしがって、なかなか「好き」という感情を口にしないけど、それもまた日本の趣を感じるところだ。こうして日本人の国民性を見てみると、自分一人の力で生きていくというよりは、誰かと助け合いながら生きる方が向いているように思う。本当は一人でなんて生きていけない寂しがり屋の集まりで、誰かと一緒にいないと怖い。僕たちは元々、そういうふうにできているんじゃないだろうか。

しかし、2020年、新型コロナウイルスの影響で僕たちの生活様式はガラリと変わった。仕方ないことだとは思いつつも、いつまでこの状態が続くか分からない不安な日々は思ったよりも心にダメージがあったはずだ。誰とも会話をせずに終わる一日、自分が感染するリスク、人に感染させてしまうかもしれない不安…。目に見えない恐怖と、僕たちは今日も戦っている。

そんな中で、ストレスを感じるあまり人のことを傷つけてしまう人たちも、僕はS

NS上でたくさん見てきた。未知のウイルスについての知識がない中で、「自粛すべきだ」「経済を動かすべきだ」と日を追うごとに情報は更新され、意見が変わる。それもまた仕方のないことだというのは分かっている。だが、「みんなと同じように」という国民性は、安心感を生むのと同時に「叩く側」と「叩かれる側」を生み出すことにもなってしまった。このとき僕は思っていた。人の気持ちを考えることができる国民性はどこに消えてしまったのかと。

それまで、人間関係で自分を保っていた人が一人になり、自分の存在意義を見失ってしまうケースも多かったように思う。僕に届くDMにもそういった声は多かったし、僕のまわりでは自ら命を絶ってしまう人もいた。……僕はただただ悲しかった。人との縁が切れたとき、人間はこんなにも脆く崩れてしまう。この世から消えたあなたに、あなたがいなくなったあとの世界を見せてあげたい。こんなにも悲しんでくれる人がいることを知っていたのだろうか。

命を絶ってしまった人を助けることは誰にもできない。何かできなかっただろうか、自分が声をかけていたら違った結果になっただろうか。そんな後悔をいくらしたところで、もう二度と会えないのだ。しかし、今まわりで同じように苦しんでいる人を助けることはできるかもしれない。そのために必要なのは、きちんと愛情を伝えること。

それだけだ。人との繋がりを感じられない今だからこそ、人の心に愛情が染み込むはずだ。

「あなたは一人じゃないよ」

「大好きだからいなくならないで」

思っていることをたったひとつの文にして伝えるだけで、生きていける人の数は確実に増えると思う。僕たち日本人は、言葉でストレートな愛を伝える文化がないから、こんな話をするのは恥ずかしいと思う。だけど、人間関係が消えていって自分は一人になってしまったと思い込んでいる人を救えるのは、一人じゃないという安心感だと思う。


「死にたい」と思うことは誰にでもあると思う。そこに対して「なんてこと言うんだ！」と怒るつもりもない。僕自身、生きていて何度も死にたいと思ったことはある。それでも、僕はなんとか今日まで生きている。そして、これからどれだけ追い詰められるようなことがあったとしても、自分からこの世を去るという選択はしないと決めている。

少し話は変わるが、僕は奈良のライブハウスで働いていたときに、仲間を一人亡くしている。その日もいつもと変わらない日常が流れていた。もうなにを話したかも覚えていない。それくらいとりとめのない会話だったのだろう。ライブハウスを後にしたその人は、深夜交通事故で亡くなった。昨日まで生きていた人が、今日はもういない。彼の訃報を聞いたとき、会話して笑った昨日の出来事が、すごく昔のように思えた。僕が、もう少し会話を早く切り上げていたら彼は生きていただろうか。いや、もっと話して帰る時間が遅くなっていたら助かったか。もう帰ってはこない彼のために、できるはずだったことを考えては自分を責めた。もし、結果がなにも変わらなかったとしても、大切に思っていることを伝えていれば自分の気持ちはもう少しだけ楽だったのだろうか。そんなことも考える。結局、後悔の根源になるものは、ちゃんと生きてるうちに愛を伝えられたか？ということだ。

さっき書いたように、人のことを救うために愛情を伝えることは大切だ。だけど、人にかけた言葉で自分が救われることもあるような気がしている。だから、先の見えない不安に立ち向かっていくために、「ありがとう」や「ごめんね」、「愛してるよ」という言葉を伝えることを忘れないでほしい。

Live

新型コロナウイルスの影響で、経済は大打撃を受けている。緊急事態宣言が発令されたときには、僕たちの活動もほとんど機能しなくなり、ツアーの延期やキャンセルという事態が相次いだ……。メンバーも、この手探り状態の中で何をしたらいいのか混乱していたと思う。僕は、漫画『ONE PIECE』で言うところのルフィだ。僕が落ち込んでいては、まわりが心配してしまう。僕自身も普通の人間だから人に攻撃されたり、失敗したりすることへの恐怖心はある。それでも、ずっと暗いところで膝を抱えているよりはマシだ。どれだけ傷ついたとしても、前に進んでいないと僕は潰れてしまうから、背中を押してくれたみんなに感謝している。

他のバンドが「無観客ライブ」を動画で発信した頃から、僕たちのところにも「無観客ライブやらないんですか？」という声が届き、ファンの人が望んでいるひとつの形として認識はできていた。でも僕は、誰もいない状態で演奏していることを「ライブ」って呼びたくない。それだけはどうしても譲れなかった。

普通にライブができていた頃、ファンの人は「ライブ最高！」って言ってくれていたはずだ。僕も、ライブでしか伝わらない空気ってあるよなっていう実感があったし、僕たちの中でその共通認識はあったと思う。だからこそ、ライブができないなら無観客ライブでいいかって選択は僕にはできない。

こんなことを書いているが、無観客ライブをしているバンドを責めるつもりは毛頭ない。自分たちのバンドに必要だと思うことを、それぞれの人が決めればいい。誰かがやっているからって真似する必要もないし、他と合わせることが当たり前だとも思わない。いろんな選択をする中で、無観客ライブは自分たちに合わないねって決めただけのこと。

僕たちにとって無観客ライブって、すごく寂しいイメージしかない。ファン視点で置き換えるなら、生音は流れていてステージのセットもきちんと組んであるけど、バンドマンがいないような。僕たち視点から見ればお客さんがいないのはそれと同じ感覚で、何のためにライブしているのか分からなくなってしまう。

時間はかかってしまったし、いつも通りのライブというわけにはいかなかったが、2020年9月に『ORALIUM』というライブを横浜で開催した。新たな試みにも挑戦し、たくさんの人の協力があって実現したステージだった。やっぱり僕たちはライブの価値観を変えたくない。あの時間を守っていきたい。どれだけ技術が発達したとしても、ライブに代わるものはないと本気で思っている。

将来

ライブができないというだけで、僕の生活はガラリと変わった。今までは、日々ライブのことを考え、生活自体もライブに合わせたものになっていたと思う。例えば、喉の調子が悪いと思えば身体を動かすために外へ行って緊張をほぐしたり、気持ちが安定していないときには、どうやったら自分がリラックスできるかを考えることに終始していた。身体や精神のことを考えなければいけない時間が多く、ライブを中心に考えた生活を送っていた。

だが、コロナ禍でライブがなくなったことをきっかけに、今までできなかった自分の価値観を広げるためのインプットができるようになった。「良い時間だった」と言うのは気がひけるが、僕にとってこの時間は有意義なものになった。違うジャンルで活躍している人の作品に触れたり、そういう人の価値観に触れることで、僕の中に新しい考えが生み出されていく。

当たり前だが、インプットしただけで満足なんてできない。これから先の社会環境を考えたとき、僕たちのバンドはどのように活動をすれば、見ている人に力を与えられるかなどを精力的に考えていった。おそらく、僕の人生史上、最も集中して曲を作った時期と言ってもいいだろう。2〜3ヶ月で30曲ほど作り、その曲のためのプロジェクトも同時に進行している。本当に脳が破裂するんじゃないかと思うくらいに忙しく活動し、自分としては充実した時間を過ごすことができた。

しかし、曲を作ったところで外へと発信しなければなにも動いていかない。本来なら発信した音楽をファンと共有して、分かり合っていくことで次の音楽性に繋がっていくのだが、その過程がコロナ禍でほとんど機能していなかった。

この頃、僕は友人でアーティストのSKY-HIと頻繁に連絡を取り合っていたので、気になっていたことを何気なく聞いてみることにした。

「コロナ禍で活動してると、自分の承認欲求が満たされないんやけどどうしてる？」

「俺は、まわりの承認なんていらないと思ってるよ。そういうものに囚われると歌が歪んでいくし、自分もしんどくなるよ。だからもっと違うところに目的を見出した方が良いと思う。拓也には、まわりに集まってくれる人がたくさんいるんだから、そういう人たちのことをもう一回考えてみたら？　最終的に拓也がなりたい姿を考えれば、おのずと答えは出てくると思うよ」

今まで僕が考えてきた《将来》とは、2年後バンドがどのようなポジションにいるかだったり、これから先の音楽性についてということばかりで、自分自身の将来についてはほとんど考えてこなかった。この頃から『THE ORAL CIGARETTES』のヴォーカルとしてだけではなく、山中拓也としての将来も考えるようになった。

10代から20代にかけて、僕はずっとバンドを有名にしたいという気持ちで走ってきた。がむしゃらに走ることで人から傷つけられることもあったが、僕が沈んでしまったときにまわりから恐ろしいほどの愛情をもらったこともある。それは、自分の中で温かい記憶として今でも残っている。

だけど、30歳という大きな節目を迎えて、もっと本質的な自分の幸せを考えてもいいのではないかとも思うのだ。このまま、20代の頃と同じような生活をしていたらきっとどこかで故障する…という心配もある。恥ずかしい話だが、年齢的にも体力的にも、昔と比べてできないことが増えてくるだろう。勢いだけでは走れないということに僕は気付きはじめている。50歳になって今と同じ音楽を鳴らしているのか？　ライブの頻度はどうなっている？　まだ先のことは分からないが、今できていることができなくなる日は必ずやってくる。その変化を自分の美学の中で受け入れられるように、今から将来のことを考えていきたいと思うようになったのだ。

僕が、一番幸せだったのはどのタームだろうか。どんなことで笑って、誰と過ごしていたんだろう。そんな問いを自分に投げかけるとひとつの思い出が浮き上がってくる。それは、自分の大切な仲間と一緒に過ごしている時間だ。自分たちの好きなことをお互いに認め合って、成長していける環境は何物にも代えがたい。あの時間が死ぬまで続いてくれたら僕はもうなにも言うことはない。

結局のところ、僕は人のことが好きなんだと思う。だから、これからもメンバーはもちろん、仲の良いクリエイターや、今まで関わって力を与えてくれた多くの仲間とイベントを企画して幸せを分け与えていけたらいいと思う。みんなが家族のように思い合い、お互いにリスペクトできるような関係になることが、僕にとっての幸せに繋がるはずだ。

生命を預かる

僕と愛犬との出会いについても書いておこう。僕はある時期〝犬飼いたい欲〟が高まっていて、ペットショップに足を運んでいた。何度か飼う寸前まで話が進んだこともあるのだが、店員さんから注意点を聞かされているうちに、本当に僕に世話ができるのか?という考えがよぎって怖気《おじけ》づいてしまう。

そんなある日、僕はペットショップからのメールを受け取った。

「今月のニューフェイスはマルチーズの男の子です!」

「(マ…マルチーズ! 俺が飼いたいと思ってた犬種やん!)」

広告に誘われて、僕はさっそくペットショップに向かうことにした。内心、今回こそ飼ってしまうな…というくらいのテンションで店を訪れると、すでにマルチーズの入っているケージには「予約済み」の札がかかっている。

少しがっかりしながらも、店員さんに「せっかくだからだっこしてみませんか?」とすすめられたのはトイプードル。

確かにかわいいけど…やっぱりマルチーズがいい。僕はそのままトイプードルと別れ、家へ帰ることにした。

3ヶ月くらいして、またそのペットショップを訪れたときのこと。前回来たときに抱いたトイプードルが少し大きくなって座っていた。

「…あれ？　前に僕がだっこした子ですか？」

「そうです。こんなにかわいいのになかなか売れないんですよ」

「飼い主が決まらなかったらどうなるんですか？」

「あと1ヶ月くらいで決まらなかったら店長が引き取ることになりますね」

ふとトイプードルの方へ目を向けると、ジッとこちらを見つめている。一回だっこしていたこともあって、愛着が湧いてしまった僕はこの見つめ合いの勝負に負けた。

「お前、俺の家来るか！」

こうして、僕はトイプードルとともに暮らしはじめることになった。最初の1年間は、生き物と暮らす大変さを痛感することになった。どんなに疲れて帰ってきても、散らかったフンの掃除をまず最初にしなければいけないし、言うこともなかなか理解してくれない。しかし、そういう日々を過ごすことで、人に対してもイライラすることがなくなって、まわりからはおおらかになったと驚かれるようになった。生命を預かるという責任は、僕に優しさと寛容さを教えてくれたみたいだ。

輪廻

初めて聴いたはずの曲なのに、どこか懐かしさを感じたり、身体に馴染んでいくような感覚になることがある。

「この曲、ずっと前から知っている気がする」

もしかしたら僕は、前世でその音楽を知っていたのかもしれない。

音楽の良いところは、何年も残り続け、人に聴いてもらえるところだと思う。たとえ、その人が亡くなってしまったとしても、音楽を聴けばその人の存在を感じられる。それは、僕にとって生きているのとそう変わらない。今まで僕はたくさんの音楽に触れてきた。60年前に愛された曲を今の僕が聴くことで、新しい気付きをもらうこともあるし、前に進む勇気に変わったこともある。その人と会話することはできなくても、歌に込めた思いは確かに残っている。流行《はや》りや廃《すた》りに負けず、僕たちの世代へと引き継がれている…僕はその繫がりを、同じように次の世代へと渡していきたい。自分の音楽が人に影響を与え、その人がまた新しい音楽を世の中に発信していく姿を、来世でまた見てみたいと思うのだ。そんなふうに、音楽の輪廻に巻き込まれ、なにかしらの音楽をこの世に残すことが僕の使命なんじゃないだろうか。

この章の初めに書いた、僕の過去、現在、未来がすべて繋がっている夢を見てから、僕は人と出会ったときにもたびたびこんなふうに感じるようになった。

「この人と、どこかで会った気がする」

まるでデジャヴのように感じられる出会いが続き、必然と感じるような言葉をかけられて生きている。もしかしたら、ファンの人一人一人とも、前世で会っていたのかも…そんなことを考えることもある。

今、身近にある出会いは前世からずっと受け継がれてきたものだと考えたとき、僕は今までよりも深いところで人と繋がっているような感覚になった。僕たちは偶然出会ったわけじゃない。きっと必然の繰り返しで、怒りも苦しみも、喜びも幸せも全部僕の元に来るべくして来たんだ。だから、なんで自分だけ?って悩む必要はない。生まれたときから、悲しみと向き合って、生きることは決まっていたのだから。

僕は、来世でもまたあなたたちに会いたい。みんなが生まれ変わった先で、僕たちの歌が響いていますように。その歌が誰かの力になって、また動きはじめることを僕は心から願っています。だから、また来世で会いましょう。

つくられた僕

今まで自分の人生について書いてきたけれど、振り返ってみればそこにあるのは人との思い出ばかりだ。子どもの頃は他人という存在が怖くて泣き続けていたけど、そういう僕を強くしてくれたのは、やっぱりまわりにいた父親や友だちだった。子どもの頃はそんなことに気が付かず、中学生になっても他人に対する見えないバリアが解けることはなかった。自分一人でも生きていける。そんなことを心のどこかで思っていたのかもしれない。母親に感情をぶつけ、毎日のようにケンカしたあの日々のことを思い出すと申し訳ないという気持ちが湧き上がってくる。

高校を退学になるかもしれないって話になったときにも、散々親に心配をかけたし、助けてくれる先生がいなかったら僕は今どんな人生を送っていたんだろうと思う。もしかしたら、あきらとオーラルの前身バンドを組むこともなかったのかもしれない。あきらから「拓也が歌ったら？」と言われなかったら僕はきっとヴォーカルになることもなかっただろう。お客さんが０人の会場でも腐らずに音楽を続けて、金欠でもやしを買うのがやっとだった生活をともに過ごしてくれたメンバーにもありがとうと伝えたい。

僕たちは「ビジュアルで売れたバンド」「苦労もせずに名前が売れた」という声を投げかけられたこともあって、ものすごく悔しい思いをしてきた。外から見て、僕たちがどんなふうに見えているのかは分からない。だけど、どんなバンドもそんなに簡単に形になるわけではないよっていうのは分かっておいてほしい。

僕はそうやってバカにしてきた人を心のどこかで見返したいと思っているのかもしれない。だから、自分と同じように虐げられてきた人間に寄り添いたいと思うんじゃないだろうか。世の中にはバックグラウンドを見ずに表面しか見ないで判断する人もたくさんいる。だけど、そんな上辺だけの関係なんて僕はつまらないと思うし、なにより信用ならない。そういう人たちに僕たちなりの方法で進んでいく道すじを見せつけてやりたい。今もまだ、その道半ばだ。

就職か、バンドかという2択を迫られたときも、背中を押してくれたのはまわりにいたバンドの先輩や仲間だった。バンドマンの人生や生き方を背中で見せてくれる先輩たちは、僕にとってカッコいい存在だったし、安定した未来よりもバンドマンとして生きていく方がずっと価値があるように思えた。この道を選んで良かったと今でも心から思っている。

大好きなバンドが大人に関わったことで潰れていく姿を見て、大人嫌いになったこともあるけど、その価値観を変えてくれたのもまた別の大人だった。ズルい大人がいる一方で、やりたい気持ちを優先してくれたり、寄り添ってくれる大人もいる。人も、物事も一方向から見ているだけでは分からないことがある。今僕のまわりにいる大人は信頼できる人たちばかりだ。

大人になってからも、僕の弱さに光を与えてくれる人、迷ったときに考えるきっかけをくれる人、ときに怒りをぶつけて僕のことを止めようとしてくれる人…たくさんの人との出会いがあった。

ロックバンド、というと自分たちの力で道を切り開くようなイメージがあるかもしれないが、僕たちにそんな実感はまったくない。一人では開けることができない扉の前に来ると、いつだって誰かが一緒にその扉を押してくれて、そのおかげで僕たちは前に進んでこれた。扉の重さは先に進むにつれて重くなっていくけど、その分助けてくれる人の数も増え、今でもその輪は広がっているような気がしている。

「一人でも生きていける」
「誰の力もいらない」
「所詮、あんたたちは他人でしょ？」

昔は心のどこかでそんなふうに思っていた。今、もしかしたら昔の僕と同じように、一人で生きていると思っている人がいるかもしれない。だけど、それはきっと違う。僕は、これまで出会った人に生かされながらも我がままに生きている。僕のＳＮＳにもそういう声が届くことはあるけど、少なくとも僕はそのコメントにすべて目を通しているし、悩みに寄り添った思いを音楽という形に変えて発信していきたいと思っている。僕は、あなたたちのことを誰一人置いていかない。あなたがちゃんと前に進めるように、重い扉を開けられるようにこれからも自分の思いを伝えていく。僕が今まで受けた苦しみは、自分を慕ってくれる人にはさせたくない。だから、僕の経験を通して、なにか自分の人生に生かせることを見つけてほしいと願っている。

出会うべくして出会った僕たちは、これからも互いの人生に影響を与えながら生きていくだろう。僕がいなくなったあとも、あなたがいなくなったあともずっとこの音が響いていきますように。

今まで本当にありがとうございました。
そして、これからもよろしくお願いします。

We won't stop to carry on
So let us move on move on

本当はあの日を知りたくて
一人逃げ出したくて
探してるんだろう

I'm alive
Give me your sadness
Give me your hopelessness
So I can stay with you

神様 教えて欲しい
Tell me why
これからもずっと

この想いが誰かに届くって
今も信じたくて
息を吸うんだろう
あなたが僕の声で笑って
幸せを掴んで
居てくれるなら…

We won't stop, we must go on
Carry on, carry on
Nothing can keep us from moving on
I'll be gone, you'll carry on
You'll never be alone anytime
Look up the sky 'cause I'm with you
Remember me when the given will make you so

作詞・作曲：山中拓也

The Given

いつか鼓動が止まる頃に
思い切り笑顔でいれたら
弱ったり嘆いたりしてあなたを
困らせてばかりの僕には

That is true
償うように
Now I know
この声で僕は歌うよ

泣いてばかりいた小さい頃
誰かといると苦しくって
母や父をいつも悲しませた
何一つうまくいかないな

神様 教えて欲しい
Tell me why
この命は

I'm alive
あなたを知りたくて
でもわからなくって
探してるんだろう
I'm alive
絶望と不安で
あなたに寄り添って
生きていけるなら…

あなたと出会ったことが僕の
これから生きる理由になって
本当はここにはいないんだから
何も怖いものなんてないな

I'm alive
あなたを知りたくて
でもわからなくって
探してるんだろう
I'm alive
絶望と不安で
あなたに寄り添って
生きていけるなら…

8°
Euronet

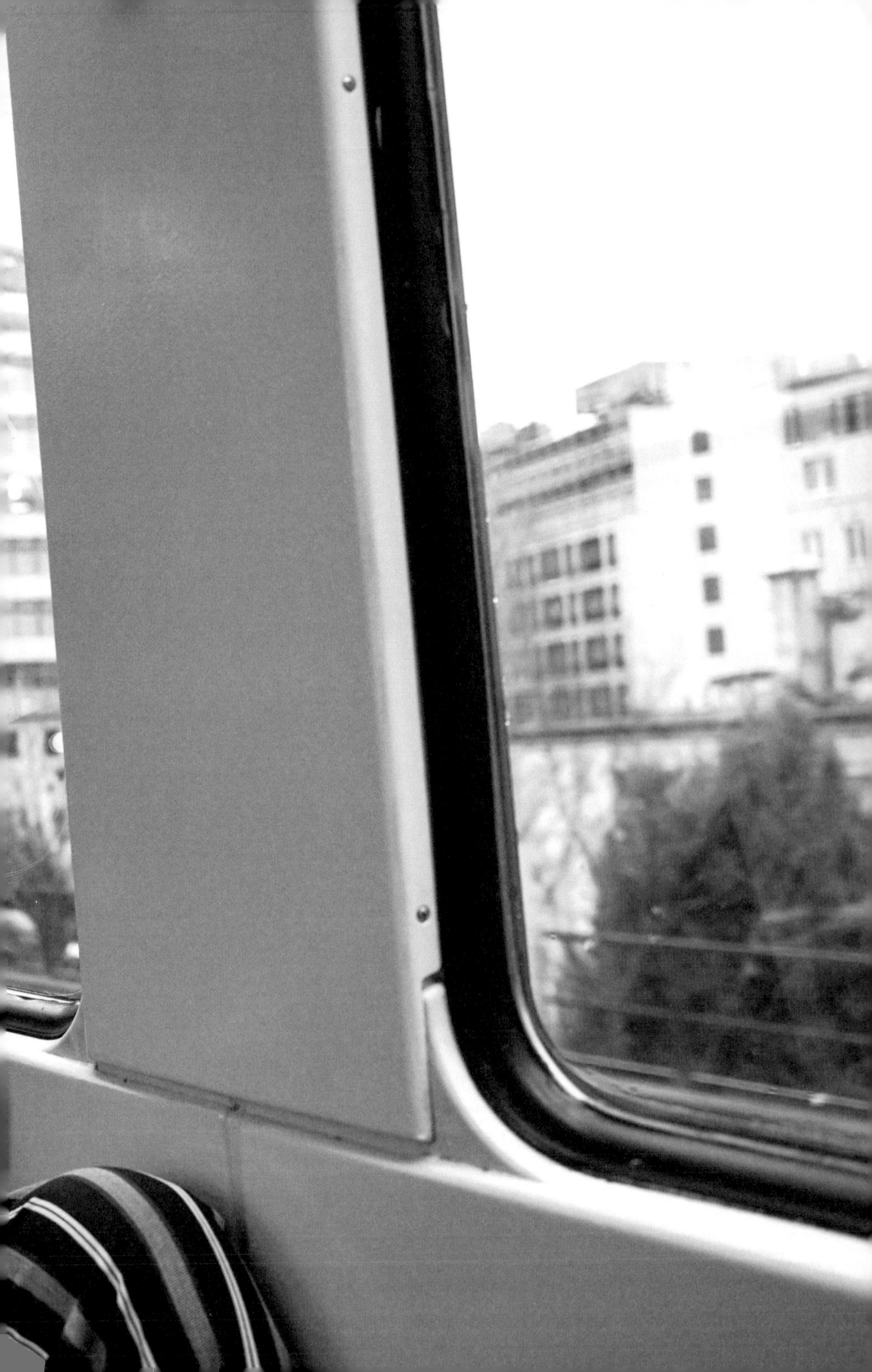

編集後記

「自分のことは誰も分かってくれない」。高校時代、ずっと感じていたことだ。当時の僕は周囲の同級生と価値観が合わず、誰よりも遅く登校し、誰よりも早く下校していた。誰とも会いたくなかった。大人になり、あの頃のことは遠い過去の記憶の中に消し去っていた。そんなある日、オーラルの「接触」と出合う。僕の心は当時に戻されたように痛み、消し去ったはずの思い出が蘇ってきて一度は耳を塞ごうと思った。他の人にとっては大したことではないかもしれないが、僕にとってはすごく悩まされた経験だった。あの頃の自分に戻って「接触」という曲を聴かせてあげたら、僕の人生は変わるだろうか。もし、あのとき痛みから目をそらさずに生きられたら、違う人間関係が手に入れられただろうか。

山中さんは吐き続ける。ライブ中も、本書で取材を重ねる中でも彼は、言葉を話すという意味として、「吐く」と表現する。それがすごく印象的だった。「吐く」ということがどれほど辛く、汚く、みじめな気持ちになるか。「吐いたら楽になる」と分かっていても思うようにいかないときもあり、涙にまみれて鼻に逆流した嘔吐物に咳き込み、自分で自分が嫌になる。おそらくだが、山中さんはこの苦しみと同等のエネルギーを言葉として吐き出している。それは、彼の次の言葉からも窺える。
「詞を作るとき、苦しんで苦しんで、もうこれ以上無理だって、限界まで自分を落とし込む。そうして最後に残ったものをすくいあげる。その繰り返しです」
彼の言葉を聞けば分かるはずだ。どれほど苦しみ、まわりの人に絶望し、そして他人を愛してきたのか。

僕がそうであったように、誰もが吐き出したいものを胸に秘めているはずだ。時に強く、時に弱く、彼の作る言葉と音楽はそんな思いを代弁してくれる。だから多くの人々の心に刺さるのだ。そんな彼が純粋に言葉だけを紡いでくれたら、一体どれだけ純度の高いものが生まれるだろうか？　それは疲弊する若者の救いになるのではないだろうか？　言葉を生業にする者として圧倒的な好奇心と願いを抱き、出版をお願いせずにはいられなかった。

本書の制作に携わってくれた関係各位、何よりこの本を手に取って読んでくださった読者の皆さんに、心から感謝いたします。

KADOKAWA　伊藤甲介

Fender
TELECASTER

SCHECTER

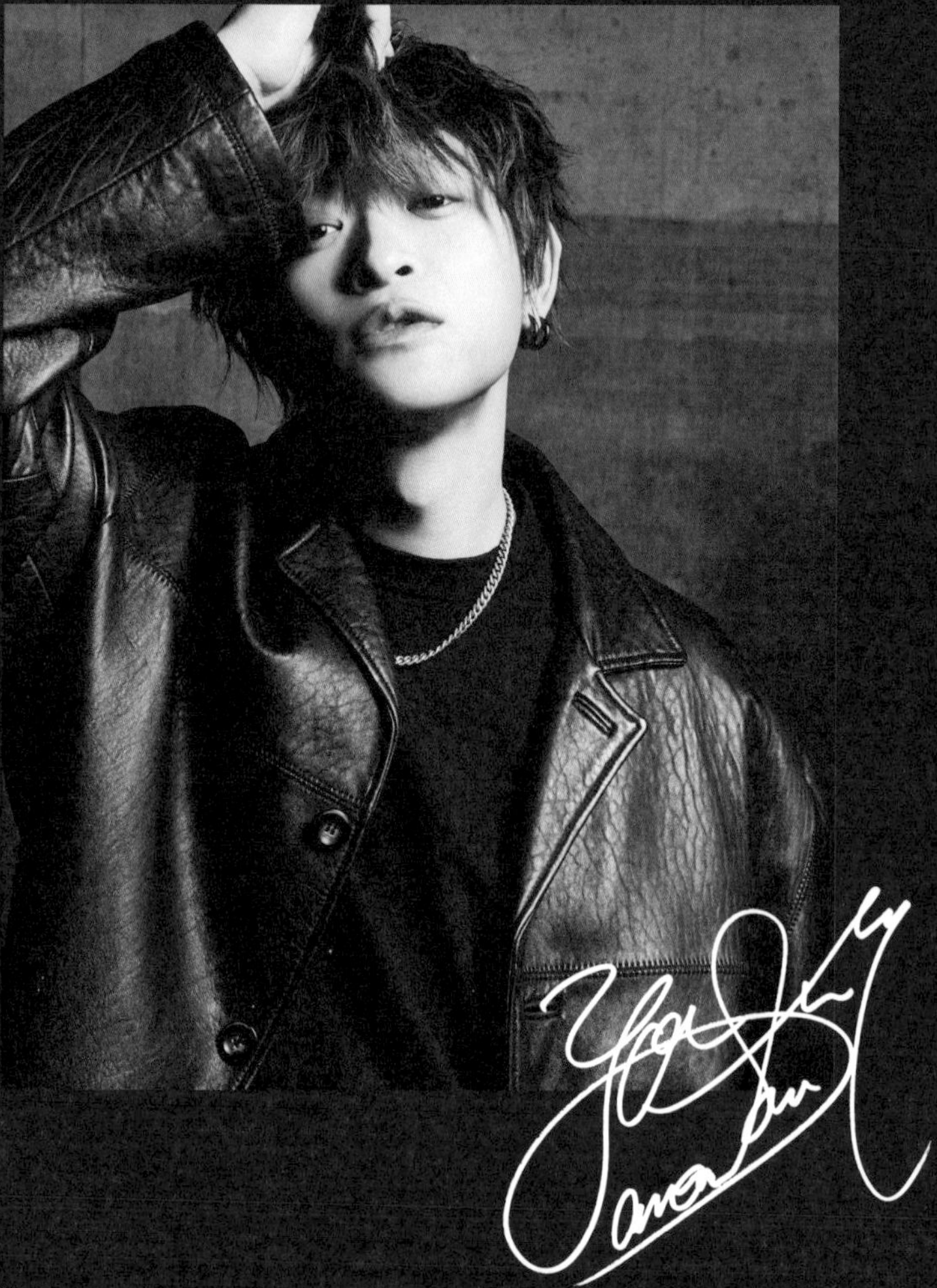

山中拓也

1991年、奈良県生まれ。ロックバンド・THE ORAL CIGARETTESのヴォーカル＆ギターで楽曲の作詞作曲を担当。音楽をはじめ、人間の本質を表すメッセージ性の強い言葉が多くの若者に支持されている。17年には初の武道館ライブ、18年に全国アリーナツアーを成功におさめ、19年の初主催野外イベント「PARASITE DEJAVU」では2日で約4万人を動員。20年4月に発売した最新アルバム『SUCK MY WORLD』は週間オリコンチャートで1位を獲得。

STAFF LIST

Artist Management	871 Mitsugi Yanai (MASH A&R / HIP LAND MUSIC) Saeha Sugibuchi (MASH A&R / HIP LAND MUSIC)
Label A&R	Yukio Isome (A-Sketch) Yukako Koga (A-Sketch)
Photographer	Hirohisa Nakano [Cover, P220-222] Reishi Eguma (C-LOVe CREATORS) [P2-8, P19, P61, P119, P169, P206-217] Masahiro Yamada [P1, P105-112] Kazuki Watanabe [P57, P68-69, P115, P165] Satoshi Hata [P156-163] Kohei Suzuki [P156-163] Viola Kam (V'z Twinkle) [P85,P98-99,P133,P156-163,P194-195]
Stylist	SIVA
Book Designer	Kasumi Uekusa (APRON) Furai Maeda (APRON)
DTP	Yukiko Ozeki
Proofreading	Bakushu Art Center
Writer	Minami Yamagishi
Editor	Kosuke Ito (KADOKAWA)
Special Thanks	Shigenobu Suzuki (THE ORAL CIGARETTES) Akirakani Akira (THE ORAL CIGARETTES) Masaya Nakanishi (THE ORAL CIGARETTES)
撮影協力	生駒RHEBGATE 大渕池公園 奈良町にぎわいの家 なら100年会館 若草山

他《た》がままに生《い》かされて

2021年３月２日　初版発行
2021年３月30日　再版発行

著　者　山中《やまなか》 拓也《たくや》
発行者　青柳 昌行
発　行　株式会社KADOKAWA
〒102-8177
東京都千代田区富士見2-13-3
電話　0570-002-301（ナビダイヤル）
印刷所　凸版印刷株式会社

ISBN 978-4-04-605087-8　C0095